톨
스
토
이
평
화
론

전쟁과
폭력의
시대에
다시 읽는

톨스토이
평화론

이문영 지음

Tolstoy

미래의창

일러두기

톨스토이 저작의 인용은 아래의 톨스토이 전집의 해당 권수와 페이지를 표기하거나, 전집 미수록 저술의 경우 따로 주석을 달았다. 번역본을 인용할 때는 제목 옆에 해당 페이지를 표시하거나, 주석을 다는 방식을 병용했다. 번역은 필요할 경우 원문과 대조, 수정하여 인용했다. 자세한 서지 사항은 참고문헌 참조.
Л. Толстой, *Полное собрание сочинений Л. Н. Толстого в 90 томах*, М.: Художественная литература, 1928-1958.

서문
전쟁과 폭력의 시대에 다시 읽는 톨스토이 평화론

세계사를 통틀어 가장 문제적이고 논쟁적인 인물 중 하나인 톨스토이. 지금도 톨스토이 주변은 여전히 시끌벅적 소란하다. 러시아-우크라이나 전쟁(이하, '러우전쟁') 지지자와 반대자 모두 자신의 뜻을 알리는 방편으로 톨스토이를 손에 들었다. 푸틴과 지지자는 톨스토이를 앞세워 전쟁의 권위를 세우려 하고, 비판자는 톨스토이를 내세워 전쟁의 정당성을 허문다. 『전쟁과 평화』가 침략자의 최애 소설인 동시에 반전反戰의 확고부동한 기호로 함께 쓰이고 있다. 전쟁 지지와 반대로 갈라진 톨스토이의 후손들은 저마다 '톨스토이의 유산'을 근거로 내민다. 어떤 상황인 걸까. 무엇보다 어떻게 이것이 가능했을까.

비밀은 '두 톨스토이'에 있다. '우리가 몰랐던 톨스토이' 또는 '톨스토이 대 톨스토이의 대결'이라는 이 책의 주제도 이와 관련된다. 말도 많고 탈도 많던 그의 생애는 '두 톨스토이'들의 공존으로 요약할 수 있다. 성자 톨스토이 vs 전사 톨스토이, 작가 톨스토이 vs 사상가 톨스토이, 『전쟁과 평화』를 쓴 톨스토이 vs 『부활』의 톨스토이, 애국자 톨스토이 vs 아나키스트 톨스토이… 얼추 추려봐도 이렇다. 책의 본문에서 여러 차원의 두 톨스토이들을 두루 다뤘다면, 여기 서문에서는 애국심을 두고 대결하는 두 톨스토이에 대해 말하고 싶다.

러우전쟁이 3년 차에 접어들었지만, 2014년 크림반도가 러시아에 합병되었을 때 이미 파국의 씨앗이 뿌려졌음을 감안하면 10년 차라 해도 무방하다. 크림과 전쟁 모두 톨스토이와 이리저리 연이 깊다.

젊은 시절 톨스토이는 피 끓는 애국청년이었다. 그가 조국 수호를 외치며 자원한 대표적 전쟁이 바로 '크림전쟁'이었고, 그를 전국구 스타로 만들어준 소설이 바로 이를 다룬 「세바스토폴 이야기」였다. 소설을 관통하는 주된 파토스는 애국주의로, 이는 1812년 나폴레옹의 러시아 침략을 다룬 『전쟁과 평화』도 마찬가지다. 크림전쟁 당시 영국-프랑스-튀르크 연합군과 싸우던 알렉산드르 2세는 「세바스토폴 이야기」를 번역해 러시아인의 애국심을 널리 유럽에 알리라 명했다. 이와 비슷하게, 히틀러와 싸웠던 2차 세계대전 당시 스탈린은 『전쟁과 평화』를 널리 보급해 러시아 군인의 애국심을 진작시키라는 특명을 내렸다.

반면, 노년의 톨스토이는 전쟁 반대, 병역 거부를 목놓아 외쳤다. 『부활』을 팔아 양심적 병역 거부자들을 도왔고, 『전쟁과 평화』를 쓰레기통에 던져버리라 도발했다. 그는 내 나라, 내 민족만 귀히 여기는 '애국심은 곧 전쟁'이며, '만악萬惡의 근원인 국가'의 기본 동력이라 생각했다. 1904년에 터진 러일전쟁은 톨스토이의 탈애국, 반국가 사상의 진정성을 시험하는 대사건이었다. 그는 사랑을 실천하는 기독교도와 살생을 금지하는 불교도를 전쟁터로 내몬 차르와 천황을 매섭게 질타하며, 러시아도 일본도 아닌 민중의 편에서 '무조건적인 전쟁 중단'을 호소했다.

크게 보아 변화의 방향은 당연히 젊은 톨스토이에서 노년의 톨스토이 쪽으로다. 하지만 인생의 장면 장면, 두 톨스토이는 그렇게 깔끔하게 나뉘지 않았다.

크림전쟁의 톨스토이는 애국과 조국 수호를 강조하면서도 전쟁에 대한 근원적 회의를 감추지 못했다. 「세바스토폴 이야기」,『전쟁과 평화』에는 전쟁의 부조리, 그 의미 없는 잔혹에 대한 깊은 환멸과 날 선 통찰이 도처에 존재한다. 한편, 러일전쟁의 톨스토이는 애국주의에 결연히 맞서면서도 자기 조국의 패배에 완전히 무감하지는 못했다. 가장 아끼던 작품인 『전쟁과 평화』에 대한 애착도 죽는 순간까지 온전히 내려놓지 못했다.

크림전쟁의 젊은 톨스토이와 러일전쟁의 늙은 톨스토이 사이의 이러한 공존 또는 대결은 그로부터 150여 년 지나 벌어진 크림합병과 러우전쟁을 둘러싼 현재의 풍경 속에 다시 되풀이된다.

2014년 푸틴이 크림을 합병한 당시, 톨스토이의 증손자인 블라디미르 톨스토이는 이를 적극 지지했다. '150년 전 크림의 세바스토폴 요새에서 러시아를 위해 싸운 톨스토이의 후손으로서 너무 당연한 것 아니냐'는 입장이었다. 그는 당시 푸틴의 문화 고문이기도 했다.

2022년 러우전쟁을 '집단적 서방'과의 한판 승부로 규정한 푸틴은 자신에게 가장 큰 영향을 준 작품으로『전쟁과 평화』를 꼽았고, '2028년을 톨스토이 탄생 200주년으로 기념하는 법령'에 서명했다. 침공을 고작 3주 앞둔 때였다. 전쟁이 터지자 러시아 국회부의장을 역임한 톨스토이의 또 다른 증손자 표트르 톨스토이는 이를 공개적으로 지지했다.

정반대의 현상도 벌어졌다. 푸틴의 전쟁에 반대하는 러시아인은 너도나도 톨스토이를 손에 들었다. 모스크바 시민 콘스탄틴 골드만은 톨스토이의『전쟁과 평화』를 들고 반전 시위를 벌이다 구금되었고, 크라스노다르에 사는 알렉세이 니키틴은 "애국심은 노예근성이다! – 레프 톨스토이"라 적힌 피켓을 들고 시위를 벌이다 체포되었다. 모스크바 시의원 파벨 야릴린, 사업가 올렉 데리파스크는 톨스토이의 러일전쟁 반대 문구를 인용한 SNS 포스팅으로 벌금형을 받거나 기소되었다.

전 세계에 퍼진 톨스토이의 후손들도 움직였다. 톨스토이의 유지를 받든 자손 중에 앞서 거론한 블라디미르나 표트르 같은 사람만 있을 리 없다. 2022년 4월 톨스토이의 직계자손 112명이 전쟁 반대 연명 서한 'Peace Now, Stop the War'를 발표하고, 이를 푸틴에게 발송했다. 스위스에 사는 톨스토이의 증손녀 마르타 알베르티니는 우크라이나 전쟁 난민에게 자신의 아파트를 제공했다. 마르타가 난민 가족을 맞아들인 거실에는 톨스토이의 초상화가 걸려 있었다.

이처럼 현재 톨스토이는 러우전쟁 지지자와 반대자 양편 모두에서 적극적으로 활용되고 있다. 물론 푸틴의 행보는 노년의 톨스토이가 부르짖은 평화와 정확히 대척점에 위치한다. 톨스토이가 살아있었다면 그에게 불벼락을 내렸을 것이다. "당장 전쟁을 멈추라"고 호통치며, 전쟁을 끝내기 위해서라면 어떤 일도 마다하지 않았을 것이다. 푸틴의 '『전쟁과 평화』 넘버원' 운운에 대해서는 '내 이럴까 봐 쓰레기통에 버리라 한 것 아니더냐'라며 펄펄 뛰었을 것이다. 두 톨스토이가 생애 마지막까지 그의 내면에서 격투했다 한들, 당사자에게 그것은 고통이고 한계였다. 젊은 톨스토이를 온전히 비워내는 것, 그것이 참회 이후 절대평화주의를 지향했던 톨스토이의 필생의 과제였다.

그럼에도 두 톨스토이의 족적은 톨스토이라는 하나의 이름으로 러시아 문명 속에 자리 잡았다. 그것도 그 문명을 대표하는 가장 거대하고 가장 강력한 상징으로. 러우전쟁을 둘러싸고 푸틴과 톨스토이가 각기 다른 좌표로, 그러나 러시아 문명이라는 하나의 자장 속에 이어졌다 갈라서기를 거듭하는 것도 이 때문이다.

러우전쟁 발발 후 우크라이나 문화부 장관 올렉산드르 트카첸코는 이 전쟁을 '역사와 문화를 둘러싼 문명 전쟁'으로 규정하고, 러시아 문화유산과 완전히 절연할 것을 촉구했다. 우크라이나 작가 협회 펜 우크라이나PEN Ukraine 는 러시아 책에 대한 전 세계적 보이콧을 호소했다. 톨스토이도 예외가 될 수 없었다. 우크라이나 교육부는 학교 커리큘럼에서 『전쟁과 평화』를 삭제했고, 톨스토이의 여러 고전이 재활용 파쇄기에 갈려 일회용 컵 홀더와 계란판이 되었다. 키이우 도심의 '톨스토이 광장' 역은 '우크라이나 영웅 광장'으로 이름이 바뀌었고, 나라 전역에서 톨스토이 동상이 철거되었다.

전쟁에 반대하는 러시아인이 톨스토이에 기대어 푸틴을 비판했다면, 우크라이나인은 푸틴을 비난하며 톨스토이도 버린 셈이다. 물론 "톨스토이는 다르다", "적은 푸쉬킨도 톨스토이도 아닌 푸틴이다"라는 이성적 호소도 없지 않았다. 하지만 '아군 아니면 적군'만을 허용하는 전쟁의 폭력적 이분법 앞에서, 전쟁으로 가족을 잃은 사람들의 고통과 분노 앞에서 그런 요구는 가혹하거나 무력하다.

우크라이나 국민은 그럴 수 있다. 하지만 세계는 경우가 다르다. 전쟁 후 유명 오케스트라 레파토리에서 차이콥스키가 제외되고, 밀라노에서는 도스토옙스키 강좌 폐지를 둘러싸고 한바탕 소동이 벌어졌다. 소더비 경매에서 러시아 미술품 판매가 금지되고, 국제축구연맹은 러시아의 월드컵 출전을 막았다. 고양이에게까지 불똥이 튀었다. 국제고양이연맹은 러시아 고양이의 국제고양이쇼 참가를 금지했다. 전쟁의 야만, 푸틴식 '정치와 문화의 결탁'을 비판한다면 오히려 해서는 안 될 일이다.

시간이 흐를수록 평화는 더 요원해지고 해답은 더 절박해졌다. 2016년 펴낸 책을 다듬어 이렇게 다시 내게 된 이유기도 하다. 당시는 러시아가 크림반도를 합병하고 돈바스 내전이 시작된 지 막 2년이 되던 때였다. 현재는 러시아가 우크라이나를 침공한 지 만 2년이 지난 시점이다. 합병에서 침공으로, 내전에서 전면전으로 수위를 높여가는 폭력, 우크라이나에서 팔레스타인까지 끊이지 않는 전쟁이 강요하는 고통과 혼란, 고뇌는 끝이 없다. 전쟁이라는 극단의 폭력 앞에서도 현실은 선명하지도, 투명하지도 않다.

러우전쟁 후 많은 강연을 하고 방송에 출연했다. 한국 언론이 말해주지 않는 것, 그래서 우리가 몰랐던 전쟁의 이면을 주로 다뤘다. 전쟁에 대한 반대는 사실에 근거해야 하며, 그럴 때만 힘을 가질 수 있다고 생각했기 때문이다. 두렵기도 했지만, 방송에서 미처 하지 못한 이야기, 차마 하지 못한 이야기까지 헤아려 이해하고 공감해주신 많은 분 덕분에 힘이 났다.

이 책도 우리가 몰랐던 톨스토이를 다룬다. 죽는 날까지 하나의 톨스토이로 완결되지 못한 두 톨스토이들의 이야기를 담았다. 그들의 대결이 자아내는 긴장은 하나의 보편으로 온전히 제압되지 않는 현실의 굴곡을 비춘다. 톨스토이를 둘러싸고 벌어지는 현재의 풍경부터 복잡하기 짝이 없는 전쟁의 현실까지, 이 책이 톨스토이와 러시아를 이해하는 작은 단초나마 될 수 있기를 바란다. 그 가능성을 먼저 제안해주신 미래의창의 김성옥 편집 주간님께 깊이 감사드린다.

2024년 5월,
이문영

차례 ||||++++++++++++++||||

||||++++++++++++||||

들어가며
지금 왜 톨스토이인가

톨스토이Lev Nikolaevich Tolstoy(1828~1910)와 평화에 관한 이
야기를 노벨상으로부터 시작해보자. 사람들은 노벨평화
상을 당연히 받았거나, 마땅히 받았어야 할 인물로 흔히
인도의 간디M. Gandhi와 러시아의 톨스토이를 첫손에 꼽
는다. 간디는 4년에 걸쳐 5번이나 노벨평화상 후보에 올
랐지만 끝내 상을 받지 못했다. 수상이 거의 확실시되던
1948년, 그가 비운의 죽음을 맞이한 것이 가장 큰 원인이
었다.

톨스토이는 노벨평화상은 총 3번(1901년, 1902년, 1909년),
노벨문학상은 1902년부터 1906년까지 5년 연속 총 16번

이나 후보로 추천되었지만, 둘 중 어느 상도 받지 못했다. 특히 노벨상 시상이 처음 시작된 1901년, 톨스토이의 노벨문학상 수상은 그야말로 따놓은 당상으로 여겨지는 분위기였다. 하지만 그가 수상은커녕 후보에도 오르지 못했다는 사실이 알려지고, 더구나 톨스토이는커녕 마크 트웨인도, 에밀 졸라도 아닌, 들도 보도 못한 쉴리 프뤼돔 S. Prudhomme에게 상이 돌아가자 유럽 지성계가 발칵 뒤집혔다. 예술도 여론도 도외시한 결정이라는 비난과 항의가 (주관 기관인) 스웨덴 학술원에 쏟아졌다. 스웨덴에서만 40명이 넘는 작가와 학자들이 '최초의 노벨문학상을 받을 자격은 오직 톨스토이에게 있다'는 취지의 연명 서한을 작성했다.

톨스토이가 아래의 유명한 편지들을 써야 했던 것은 이런 배경에서였다. 1902년 1월 스웨덴 지식인들이 보낸 연명 서한에 톨스토이는 '나는 괜찮습니다, 노벨상을 받지 못해서 정말 다행입니다…'라는 답장을 썼다. 편지는 바로 스웨덴 신문에 보도되었다. 1906년 10월 8일, 자신이 또다시 노벨상 후보로 추천된 사실을 알게 된 톨스토이는 아는 핀란드 작가에게 편지를 써 '스웨덴에 인맥이 있다면 부디 그 상을 내게 주지 않도록 손을 좀 써주십사' 부탁하기에 이른다. '노벨상을 거부한 최초의 인물이 톨스토이'로 (잘못) 알려지게 된 사정은 이와 같다.[1]

당사자가 손사래를 치며 나설 정도로 소동이 벌어졌음에도, 왜 그는 끝내 노벨문학상도, 노벨평화상도 받지 못했을까? 기실 그는 『전쟁과 평화』, 『안나 카레니나』, 『부활』 등 세계문학사에 길이 남을 걸작을 쓴 천재 작가이자, 농민 계몽, 빈민 구제, 사형제 폐지 운동, 반전 활동 등을 통해 인류애를 몸소 실천한 평화의 사도이지 않은가.

똑같은 질문에 2006년 노벨재단 총재인 미카엘 슐만 M. Sohlman은 '100년 전 스웨덴 학술원은 매우 보수적이었다'고 대답했다.[2] 당시 노벨상을 결정하는 기준은 '고결하고 건전한 이상주의의 구현'이었다고 한다. 그렇다면 작가로서나 평화사상가로서 톨스토이가 보수적인 틀이 감당 못 할, 또는 건전한 상식의 궤를 벗어나는 면모를 지녔다는 뜻일까. 톨스토이의 노벨상 수상을 줄기차게 반대했던 당시 스웨덴 학술원의 사무총장 칼 비르센 C. Wirsén은 그 이유에 대해 다음과 같이 답했다.

톨스토이는 모든 형태의 문명을 비난하고, 대신 고급문화의 모든 제도와 동떨어진 원시적인 삶의 방식을 택할 것을

고집했다.[3]

또, 1905년 노벨문학상 수상자 최종 결정문에는 다음
과 같은 대목이 나온다.

톨스토이의 많은 작품에 매혹을 금할 수 없지만, 이 작가
의 이상주의가 얼마나 건전한지에 대해서는 의문을 갖지
않을 수 없다. … 그의 많은 작품에서는 교회뿐만 아니라
국가마저 거부되고, 대중과 개인의 자기방어의 권리가 논
란의 대상이 되고, 심지어 모순되게도 그 스스로도 누리고
있는 사적 소유의 권리까지 논박된다.[4]

문명의 모든 산물을 비판하고, 공식 교회를 부정하고,
국가라는 제도 자체를 거부하고, 자본주의의 근간이라 할
사적 소유에 도전한 톨스토이? 만일 사실이 이러하다면
노벨상이 톨스토이를 끝내 포용하지 못한 것도 얼핏 수긍
이 간다. 당시 유럽은 평화 보장의 기본 단위로 국민국가
를 상정하고, 평화의 국제법적 기초를 국가 간 관계 속에
마련하기 위해 골몰하고 있었다. 노벨상은 이러한 국제평
화의 기조에 적극 호응할 뿐 아니라, 이를 선도하는 역할

을 했다. 이런 상황에서 톨스토이의 가차 없는 국가 부정, 사유私有의 부정, 이 모두를 낳은 문명에 대한 부정은 지나치게 과격하고 급진적인 것, 다시 말해 '건전한 이상주의'의 틀을 훌쩍 뛰어넘는 것이다.

교회와 싸우고, 국가와 싸우고, 소유 제도와 싸우는 과격하고 전투적인 톨스토이의 모습은 사실 우리에게도 그리 익숙하지 않다. 한국과 러시아가 공식 수교를 맺은 지 30년이 훌쩍 넘었다. 1884년 조러통상조약부터 따지면 150년 가까이 된다. 그럼에도 여전히 러시아는 한국에 낯설고 먼 나라다. 하지만 톨스토이는 예외다.

한국 근대문학의 출발에서부터 현재에 이르기까지 톨스토이는 러시아 문학을 대표하는 기호로, 나아가 문학을 상징하는 표상으로 늘 우리 곁에 가까이 있었다. 안 읽어도 읽은 듯한 친숙함으로, 언젠가는 읽어야 할 당위로 톨스토이는 우리 일상과 함께했다. 서재를 빼곡 채운 세계문학전집이나 국가 선정 추천 도서 목록 속 그의 이름은 여전히 묵직한 존재감을 과시한다.

그렇다면 톨스토이에 대해 우리는 어떤 인상을 갖고 있을까? 물론 톨스토이는 오드리 헵번 주연의 영화 〈전쟁과 평화〉, 소피 마르소가 출연한 〈안나 카레니나〉의 원작

L.N. 톨스토이(1908, 70세)

을 쓴 작가이자, '검은 눈의 카추샤'로 널리 알려진 소설
『부활』의 작가다. 그런데 작가 톨스토이의 모습에는 인생
의 스승, 삶의 지혜를 전해주는 현자賢者의 이미지가 어김
없이 덧씌워져 있다. 관심이 있는 사람이라면 한 번쯤 봤
음 직한 사진이나 초상 속의 그는 한결같이 흰 수염을 덥
수룩하게 기르고 소박한 농민복을 입은 모습이다. 그 할

아버지 톨스토이에게서 우리는 성자나 구도자를 발견한다.

특히 2003년 MBC 교양프로그램 〈느낌표〉에서 『톨스토이 단편선』이 고전 베스트로 뽑힌 이후로 「바보 이반 이야기」, 「사람에겐 얼마만큼의 땅이 필요한가」, 「사람은 무엇으로 사는가」와 같이 톨스토이가 농민이나 어린이 교육을 위해 지은 교훈적 우화나 잠언집이 큰 인기를 끌면서 이런 인상이 더욱 강해졌다.

심지어 21세기 대한민국 출판계에서 톨스토이는 힐링과 처세 양쪽으로 적극 소비되는 중이다. 인터넷 서점에 들어가면, 『마음을 치유하는 한 줄 명상: 톨스토이와 함께 보내는 365』, 『톨스토이, 당신에게 인생을 묻습니다』, 『톨스토이처럼 생각하고 행동하라: 행복한 삶을 위한 다섯 가지 질문』, 『365일 에센스 톨스토이 잠언집』, 『내가 처음 만난 톨스토이: 길을 찾는 어린이에게』, 『엄마와 아기의 마음을 이어주는 톨스토이 태교동화』 등등 정말 다종다양한 목적에 종사하는 톨스토이를 발견할 수 있다. 향기로운 아포리즘이 앞서 언급한 그의 3대 소설은 물론, 본격적인 국가론, 인생론, 종교론, 예술론 등을 제치고 톨스토이의 본령이 되어가는 중이다.

인생의 스승, 지혜로운 현자 톨스토이의 이미지는 무엇보다 앞서 언급한 평화주의자 톨스토이로부터 비롯한다. '악에 대항하지 말라'던 그의 비폭력주의, 바보 이반이 보여주는 바보 같은 사랑, 물질에 대한 집착과 탐욕을 들어내고 진정한 믿음으로 영혼의 곳간을 채우라는 그의 설교가 무한경쟁에 내몰려 그 어느 때보다 각박하고 고단한 삶을 살아가는 신자유주의 시대의 우리에게도 위안이 되는 모양이다. 그것도 나쁘지만은 않다.

하지만 톨스토이는 그러한 비폭력이, 그러한 사랑이, 그러한 믿음이, 그리하여 마침내 진정한 평화가 어떻게 가능하다고 말했을까. 톨스토이는 이 모든 것이 '악에 대한 투쟁' 속에 가능하다고 했다. 그가 직접 밝힌 바 있듯이, 그의 무저항주의는 악에 '폭력으로' 대항하지 말라는 의미에서 무저항인 것이지, 악에 대한 투쟁을 포기하라는 수동적인 무저항이 결코 아니었다(63:259).[5]

그리고 이때의 악은 종교적, 철학적 차원의 선악 개념처럼 추상적인 것이 아니라, '혁명을 목전에 둔 차르 통치하 제정 러시아'라는 구체적인 사회 조건 속에 구체적으로 존재하는 사회악이었다. 톨스토이는 인간에 대한 인간의 폭력을 제도화하는 국가, 인간에 의한 인간의 노동 착취를 합법화하는 경제 질서, 그리고 그러한 폭력을 신의 법칙으로 정당화하는 기성 종교 등을 만악의 근원으로 여겼다.

이에 따라 그는 차르 정부, 군대, 경찰, 사법기관, 농노제나 자본주의 소유 구조, 그리고 러시아 정교회와 평생에 걸쳐 가열차게 싸웠다. 악의 실행자들에 대한 톨스토이의 증오, 그들의 기만과 위선을 폭로하는 그의 언어는 너무나 강렬하고 신랄해서, 이 사람이 과연 '화내지 말라', '원수를 내 몸같이 사랑하라'는 예수의 가르침을 그 누구보다 충실히 따르고자 했던 그 톨스토이가 맞는지 헷갈릴 정도다.

또 그는 차르 전제정부를 넘어 모든 국가 권력을 부정했을 뿐 아니라, 애국심과 민족주의를 전쟁이라는 최고의 악을 초래하는 또 다른 악의 근원으로 보고 매섭게 질타했다. 자연히 톨스토이는 보수 극우세력은 물론, 민족주의자나 자유주의자, 사회주의자 모두와 불화했을 뿐 아니라, 당대 국제 평화주의자들에게조차 제대로 이해받지 못했다.

우리에게 익숙한 톨스토이, 즉 사랑과 용서, 개인의 도덕적 수양과 영적 성숙을 설교하는 성자聖者 톨스토이의 후광 뒤에는 이렇게 탈국가, 탈민족을 외치던 근대의 이단아, 적그리스도라 불릴 정도로 파격적인 신앙을 설파하며 기성 권력과 맹렬히 싸운 전사戰士 톨스토이가 서 있다.

따라서 앞서 노벨위원회가 톨스토이에 대해 묘사한 바는 충분히 사실에 부합한다. 톨스토이의 유토피아는 국가로 대표되는 모든 제도화된 폭력의 거부 위에, 나아가 그러한 구조적 폭력은 물론, 정당방위로서의 개별적 폭력조차 허용하지 않는 견결한 비폭력주의에 기반한다. 이러한 절대적 평화주의는 어떤 의미에서는 그 무엇보다 전투적이고 따라서 '불온한' 평화주의로, 안전한 이상주의와는 거리가 멀다. 그가 가난하고 힘없는 농민을 제외하고 자신을 둘러싼 거의 모두와 싸워야 했던 것은 우연이 아니다.

성자 톨스토이와 전사 톨스토이. 진실은 어느 한쪽에 있지 않다. 성자와 전사의 모습은 말과 행동, 이론과 실천을 자신의 삶 속에 굳건히 결합시키고자 했던 톨스토이 속에서 공존한다. 두 명의 톨스토이는 때로는 조화하고, 때로는 충돌하며 하나의 톨스토이를 이룬다. 그 실루엣이 매끈하게 다듬어진 모양새라기보다 이런저런 모순과 균열로 울퉁불퉁한 것은 사실이다. 그렇다 해도 두 톨스토이 중 어느 하나를 제외한 톨스토이는 톨스토이가 아니다.

따라서 현재 우리가 알고 있는 성자 톨스토이는, 평화를 위해 말 그대로 '비타협적'으로 싸웠던 톨스토이, 그 결과 러시아 정교회로부터 파문당하고, 비밀 요원에게 끊임없이 감시당하고, 혹독한 검열로 (특히 생애 후반기에) 자기 땅에서 어느 책 하나 온전히 출판할 수 없었던 저항자 톨스토이에 대한 이야기로 보완될 필요가 있다. 그 이야기의 출발점은 톨스토이의 지난한 투쟁이 발원하는 지점, 바로 그의 평화사상이 될 것이다.

∞

이 책은 우리가 몰랐던 톨스토이, 성자와 전사의 경계에 선 문제적 인물 톨스토이를 다룬다. 너무 당연해서 오히려 막연하게 느껴지는 사랑과 형제애, 비폭력 같은 추상적 원칙이 어떻게 톨스토이를 통해 국가 철폐를 호소하는 반사회적 제도 비판론으로 변모하는지, 다시 말해 성자 톨스토이의 설교와 전사 톨스토이의 구호가 어떻게 결합하는지, 사회 개조를 향한 도덕 혁명을 위해 그가 창안한 '진실로 새로운 기독교'의 정체가 대체 무엇인지, 톨스토이의 평화주의가 혁명을 목전에 둔 당대 러시아 사회 및 격변하는 세계정세와 만나 어떤 사건으로 발화하는지 등이 1부의 내용이 될 것이다.

무엇보다 제국주의 열강, 피식민국가 할 것 없이 온 세계가 애국주의, 민족주의의 열기에 휩싸여 있던 당시, 오히려 탈국가, 탈민족에서 평화의 길을 찾은 톨스토이의 혜안이 21세기의 우리에게 소중한 시사점을 줄 수 있다.

세계화를 거치며 초국가, 탈경계가 시대의 명령이 되었다. 하지만 '세계화 시대 유일하게 살아남은 담론이 민족주의'라는 말이 있듯이, 세계화는 변형된 국가주의와 적대적 공생관계를 맺어왔다. 이후, 코로나 팬데믹과 함께 세계화의 퇴조가 본격적으로 가시화되고, 러시아-우크라이나 전쟁, 이스라엘-하마스 전쟁이 숨 돌릴 틈 없이 이어졌다.

참혹한 전쟁과 재난의 시대, 우리는 어느 때보다 강화된 국가주의, 자민족 중심주의 앞에 다시 서게 되었다. '국가는 폭력'이고, '애국심은 곧 전쟁'이라는 톨스토이의 절실한 외침에 우리가 새로 귀 기울여야 할 이유가 여기 있다.

2부에서는 러시아의 어떤 사상가보다 동양에 깊은 관

심을 기울였던 톨스토이가 근대 (동)아시아 평화사상과 어떻게 조우하는지를 다룰 것이다. 특히 톨스토이 평화사상을 현실 정치 속에 실현해냈다는 평가를 받는 간디와 그의 긴밀한 상호관계, 톨스토이의 '무저항'과 노자의 '무위無爲' 사상 간 깊은 연관성 및 톨스토이가 중국의 혁명적 아나키스트에게 끼친 영향, 고토쿠 슈스이幸德秋水, 우치무라 간조內村鑑三, 도쿠토미 로카德富蘆花 등 일본 근대 평화주의에 미친 톨스토이의 강력한 영향, 조선의 애국계몽기에 철저한 근대주의자로 살았던 이광수, 최남선의 톨스토이 숭배와 그 한계 등을 살펴봄으로써 톨스토이가 아시아 평화와 어떻게 맞물려 있는지를 조명해볼 것이다.

항상 우리 곁 어딘가에 머물며 문학이란 무엇인지, 사랑과 평화란 무엇인지 말해주던 톨스토이의 실체에 조금만 더 가까이 가게 되면, 아마도 '톨스토이처럼 생각하고 행동하라'는 말이 쉽게 나오지는 못할 것이다. 하지만 그런 만큼, 그럴 경우, 톨스토이를 통한 배움 역시 좀 더 진지하고 무게감 있는 내용을 갖추게 되지 않을까.

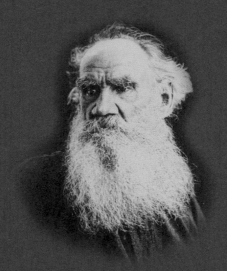

Tolstoy

1장

참회와 파문

톨스토이 vs 톨스토이: 그의 참회

톨스토이 속에는 여러 차원에 걸쳐 많은 '두 톨스토이'가 존재한다. 가장 대표적인 것은 당연히 작가 톨스토이와 평화사상가 톨스토이고, 앞서 밝힌 바와 같이 평화사상가 톨스토이 속에는 성자 톨스토이와 전사 톨스토이가 존재한다.

한편, 작가 톨스토이 속에는 『전쟁과 평화』, 『안나 카레니나』를 쓴 톨스토이와, 자신의 두 걸작을 포함해 선에 봉사하지 않는 모든 예술을 '쓰레기'라 경멸한, 『부활』의 작가 톨스토이가 있다. (타락한 귀족의 도덕적 갱생을 다룬 그의 마지막 장편소설 『부활』은 처음부터 그가 '쓰레기 아닌 예술'을 만들 생각으로 작정하고 쓴 것이다. 참고로 『부활』의 별명은 '예술적 성경'이다.)

또 카프카즈 전투, 크림전쟁에 직접 참여하며 조국 러시아를 위해 몸 바쳤던 톨스토이와, 러일전쟁 당시 조국을 휩쓴 애국적 광기를 질타한 톨스토이가 있다. 민중의 자연적 본성을 믿었던 톨스토이와, 신앙조차 이성의 지배 아래 두고자 했던 톨스토이가 있다. 술과 담배, 고기를 멀리하며 금욕과 절제에 헌신했던 톨스토이와, 60세에 13번째 아이를 얻은 톨스토이가 있다.

이 두 톨스토이들이 분화하며 도열하는 지점이 바로 톨스토이의 그 유명한『참회록』(1882)을 낳은 정신적 위기의 시기다. 평생 두 톨스토이 간의 힘겨루기가 끊인 적이 없지만, 큰 틀에서 볼 때 이 정신적 위기를 기점으로 평화 사상가, 종교철학자, 설교자 톨스토이가 작가 톨스토이, 인간 톨스토이를 압도하게 된다.

톨스토이가 심각한 정신적 위기를 겪은 때는 그가 50세를 바라볼 즈음인 1870년대 말로,『안나 카레니나』의 마무리 작업에 매진하고 있을 때였다. 겉으로는 아무 문제가 없었다. 이미 20대에 자전소설 3부작, 세바스토폴 시리즈로 이름을 얻은 톨스토이는 35세부터 매일 8~10시간씩 7년간 작업해 완성한『전쟁과 평화』로 러시아는 물론 전 세계적으로 큰 명성을 얻었다. 곧이어 착수한『안나 카레니나』로 그 명성은 확고부동한 것이 되었다.

그가 34살에 결혼한 16살 연하의 아내 소피야 안드레예브나Sof'ja Andreevna는 2천여 페이지에 달하는 『전쟁과 평화』를 7번이나 필사하는 등, 톨스토이의 대체 불가능한 조력자가 되어주었다. 지적인 데다 생활력까지 강한 아내는 그 당시 벌써 8명의 아이를 낳아 기르고 있었다. 유서 깊은 귀족 집안 출신이었던 '백작' 톨스토이는 이미 10대부터 '야스나야 폴랴나Jasnaja Poljana'라는 거대한 영지의 지주였다. 영지로부터의 수입과 작품 인세로 톨스토이는 경제적으로도 아무 어려움이 없었다.[1]

그런데 이렇게 행복의 절정에 있던 톨스토이에게 어떤 어렴풋한 의문으로 인하여 삶이 멈춘 듯한 공허와 우울의 순간이 찾아온다. 처음엔 아주 이따금 스쳐 지나가듯 찾아오던 그 질문들이 점점 자주 지속적으로 그를 사로잡아, 마치 삶이 누군가가 그에게 저지른 바보 같고 악의적인 장난처럼 느껴지는 순간이 이어진다. 톨스토이는 심각하게 자살을 고민한다.

행복한 사람인 나는 매일 혼자 있곤 하던 방에서 옷을 벗으며 장롱 들보에 목을 매지 않게 옷끈을 숨겼고, 너무나

톨스토이가 80 평생 중 70년을 보낸 영지 야스나야 폴랴나. 주요 작품 대다수가 이곳에서 탄생했고, 현재는 톨스토이 박물관으로 쓰인다.

톨스토이 가족 사진(1887). 톨스토이 부부는 13명의 아이를 낳았으나, 8명(아들 5명, 딸 3명)만 살아남았다. 장남 세르게이를 제외한 나머지는 1917년 혁명이 일어난 후 미국이나 유럽으로 망명했다. 세르게이는 러시아에 남아 야스나야 폴랴나를 박물관으로 만드는 일에 전념했다.

쉬운 방법으로 삶에서 해방되고 싶다는 유혹을 느끼지 않
도록 총을 들고 사냥을 가는 것도 그만뒀다. 내가 뭘 원하
는지 난 정말 알 수 없었다. 난 삶이 두려웠고, 거기서 멀
리 달아나고 싶었고, 그런데도 삶에서 아직도 뭔가 기대하
고 있었다. (『참회록』, 27~28)

그럼 과연 그를 사로잡은 의문이란 대체 무엇일까?

나로 하여금 쉰 살에 자살에 관심을 갖게 한 의문은 철없
는 어린아이로부터 가장 지혜로운 할아버지에 이르기까
지 각 인간의 정신 속에 놓여 있는 가장 단순한 의문이었
다. 내가 실제로 경험한 바로는, 이 의문은 이것 없이는 삶
이 불가능하다는 것이었다. … 이 의문을 달리 표현하면
다음과 같이 될 것이다. '무엇 때문에 내가 살아야만 하는
가? 무엇 때문에 내가 무엇인가를 원해야만 하는가? 무엇
때문에 내가 무슨 일인가를 해야만 하는가?' 또는 이 의문
을 다음과 같이 달리 표현할 수도 있다. '나에게 닥쳐올 피
할 수 없는 죽음에 의해서도 소멸되지 않을 가치가 내 삶
속에 들어 있을까?' (『참회록』, 37)

인생의 전성기를 누리던 쉰 살 무렵의 톨스토이를 무장해제시킨 질문은 바로 '왜 사는가'였다. 그리고 이것은 어린 시절부터 톨스토이를 공포스럽게 했던 죽음에 대한 문제와 떨어질 수 없었다. 이 무렵 톨스토이는 가까운 이들의 죽음을 연이어 경험한다. 1873년부터 1875년까지 불과 3년 사이에 무려 다섯 명이 죽었다. 톨스토이의 어린 세 자식 표트르, 니콜라이, 바르바라가 병으로 죽었다. 2살 때 어머니를, 9살 때 아버지를 여읜 톨스토이를 50여 년 가까이 부모처럼 살뜰히 돌봐준 타티아나 예르골스카야 아주머니, 큰고모 펠라게야 유쉬코바가 연달아 세상을 등졌다. 그는 삶에 대해, 죽음에 대해 답을 얻어야만 했다.

나는 누구이며, 왜 살고, 무엇을 해야 하는지에 대한 답을 얻기 위해 톨스토이는 고군분투한다. 처음에 그는 자신에게 익숙한 학문, 즉 철학, 과학 등의 이성적 지식에서 답을 얻고자 했으나 실패했다. 솔로몬, 소크라테스로부터 쇼펜하우어에 이르기까지 학자와 현자들은 "나와 세계는 어떤 관계인가"에 대해 "모든 것은 아무것도 아니다"라고 답했고, "나는 왜 살아야 하는가"에 대해 그저 "모른다"고 할 뿐이었다.

그런데 문득 톨스토이는 유식하지도 부유하지도 않은

다수의 평범한 사람들이 이성이나 지식 없이도, 왜 사는 가라는 질문 한 번 던지지 않고도 의미로 충만한 삶을 살아가는 것을 발견한다. 그 비밀은 '신앙'에 있었다.

이성적 지식은 삶이 무의미하다는 인식으로 나를 이끌었다. 그래서 삶이 정지되어 버리자 나는 목숨을 끊고 싶었다. 그러나 나는 주변 사람들과 전 인류를 돌아보고 나서 사람들이 살고 있으며, 삶의 의미를 알고 있다고 확신한다는 사실을 알았다. … 인류가 시작된 이래 삶이 있는 곳에는 반드시 신앙이 삶의 가능성을 그들에게 주고 있었고 … 신앙의 모든 해답은 인간이라는 유한한 존재에 무한한 것의 의미, 즉 고뇌, 상실, 죽음에 의해 소멸되지 않는 의미를 부여한다. 말하자면 오직 신앙 속에서만 삶의 의미와 삶의 가능성을 발견할 수 있는 것이다. (『참회록』, 78~79)

태어나자마자 러시아 정교회의 세례와 교육을 받은 톨스토이는 세속의 쾌락에 푹 빠진 십 대 후반, 정확히는 18살 이후로는 신을 믿지 않았다. 그런 그가 인생의 최대 위기에 이르러 다시 신앙 속에서 삶의 의미를 찾게 된다.

그런데 그가 다시 찾은 신앙의 본질은 보이지 않는 것

을 보여주는 신비로운 계시나, 초월적 신에 대한 선험적 관계가 아닌, 인간을 살아가게 하는 힘, 즉 '인생의 의미에 대한 지식'에 다름 아니었다. 톨스토이에게 모든 신앙의 본질은 죽음에 의해서도 파괴되지 않는 의미를 삶에 부여하는 데 있었고, 이 의미는 무엇보다 '선한 삶' 그 자체에서 비롯하는 것이었다. 농부들의 건강하고 정직한 노동, 소박하고 절제된 삶, 겸손함과 참을성, 다른 사람에 대한 배려심과 사랑. 톨스토이는 이런 선한 삶에 살아가는 의미가 있음을 믿게 되고, 이런 선한 삶이 신의 뜻에 다름 아니며, 그 속에 신의 진리가 놓여 있음을 확신하게 된다.

바로 여기서 톨스토이에 특징적인 종교철학이 시작된다. 톨스토이에게는 종교로부터 갖가지 도덕률이 따라 나오는 것이 아니라, 도덕으로부터 종교가 비롯된다. 톨스토이의 종교는 신을 위한 종교가 아니라, 어떻게 살아야 하는가를 보여주는, 철저히 사람을 위한 종교이며, 내세의 구원을 위한 믿음이 아니라, 현세의 삶을 위한 지침이었다.[2] 따라서 선한 삶을 진리로 확증하는 신이라면, 그 신이 예수든, 붓다든, 마호메트든, 톨스토이에게는 다르지 않았다.

이제 톨스토이는 대체할 수 없는 삶의 의미이자 신앙

이 된 '도덕적 자기완성'의 거울에 자신의 지난 삶을 비추며 참회한다. 그의 참회록은 이렇게 탄생한 것이다.

> 나는 전쟁에서 사람들을 죽였으며, 죽이기 위해 결투를 신청하곤 했고, 카드 도박에 져서 돈을 잃기도 했다. 또한 나는 농부들의 노동의 열매를 먹어 치우고, 그들을 괴롭히고, 음탕한 생활을 하고, 사람들을 속이곤 했다. 거짓, 도둑질, 온갖 종류의 간통, 폭음, 폭행, 살인… 내가 저지르지 않은 범죄는 없었다. (『참회록』, 11)

이 무렵, 정확히는 1878년, 톨스토이는 13년간 쓰지 않았던 일기를 다시 쓰기 시작한다. 톨스토이는 1847년 성병에 걸려 카잔대학병원에 입원했던 19살 때, 그 병실에서 처음 일기를 쓰기 시작했다. 앞서 고백한 바와 같이, 톨스토이는 사치스러운 사교계 생활, 귀족 부인이나 하녀, 농노, 집시 여인 등 상대를 가리지 않은 난잡한 성생활, 중독에 가까운 카드 도박, 폭음, 폭행 등, 방탕하기 이를 데 없으나 당시 귀족으로서는 전혀 특이할 게 없는 생활을 했다. 그러면서도 이후 20여 년간 그는 타락과 참회 사이를 오가며 일기 쓰기를 멈추지 않았다. 그가 일기 쓰기를

『참회록』(상트페테르부르크, 1906). 1882년 러시아에서 처음 출판된 『참회록』은 당국의 지시로 모두 회수되었다. 최초의 무삭제판 『참회록』의 러시아 출판은 1906년에야 이루어졌다.

멈춘 건, 그의 표현에 따르면 '허영심, 탐욕, 교만'이 하늘을 찌르던 때, 즉 『전쟁과 평화』와 『안나 카레니나』로 성공 가도를 달리던 13년간이다.

　『참회록』에 즈음해 다시 시작된 그의 일기는 자기반성과 선한 삶을 위한 각종 계획들로 채워진다. 일기를 통한 자기성찰은 톨스토이가 숨을 거두기 3일 전까지 계속되었다. 『참회록』이 발표되던 해 그는 사냥을 끊었고, 이후

술을 끊고, 담배를 끊고, 채식을 시작했으며, 자신이 가진 전부를 이웃과 나누려 했다. 그의 말년이 부인과의 끊임없는 불화로 그토록 불행했던 것이나, 그래서 1884년부터 13년에 한 번씩 가출을 시도하고, 그러다 결국 82세의 나이에 집을 뛰쳐나가 객사하게 된 것도, 사실 따지고 보면 막대한 인세가 나오던 모든 저작권을 포기하고 사회에 환원하고자 했던 톨스토이의 뜻을 아내 소피야가 결코 받아들일 수 없었기 때문이었다.

새로운 기독교의 창설: 사랑의 법칙

자신의 참회와 더불어 톨스토이는 사회에도 참회를 요구한다. 무엇보다 먼저 그의 비판이 향한 곳은 당시 러시아 정교회의 공식 교회였다.

> 신앙 속에 진리가 있다는 것은 나에게는 의심할 수 없는 사실이다. 그러나 그 속에 허위가 섞여 있다는 것 역시 의심할 수 없는 사실이다. 따라서 나는 진실과 허위를 발견해 이 둘을 구별하지 않으면 안 된다. (『참회록』, 128)

톨스토이는 민중의 신앙과 달리, 공식 교회가 요구하는 신앙 속에 어떤 허위가 존재함을, 그리고 그 허위 속에 '폭력'이 존재함을 예민하게 감지한다. 그 폭력은 첫 번째로, 정교회가 자신과 신앙이 다른 신자들을 모두 이단으로 배척하고, 자신에게만 진리가 있다고 여기는 자만에 있었고, 두 번째로는 모든 신앙의 근본 교리에 어긋남에도 전쟁과 사형을 정당화함으로써 살인을 허용한다는 데 있었다.

오직 사랑에 의거한 결합 속에만 진리가 있다고 생각하던 나의 눈에는 그 교리 자체가 당연히 만들어내야 할 것을 오히려 파괴하고 있다는 사실이 본의 아니게 새겨졌다. … 러시아인들은 기독교적 사랑의 이름으로 자신의 형제들을 죽이기 시작했다. … 나는 기독교를 믿는 사람들이 자행하는 모든 악에 주의를 돌렸다. 그리고 공포를 느꼈다. (『참회록』, 121, 125~126)

『참회록』에서 발아한 공식 교회에 대한 비판은 이후 『나는 무엇을 믿는가』(1884, 보통 『나의 신앙』으로 알려져 있다), 『교리신학연구』(1884), 『종교란 무엇이며, 그 본질은 무엇인가』(1902)와 같은 저작을 통해 본격화된다. 이 저서들 모두 톨스토이의 신랄한 정교회 비판으로 검열에 걸려 러시아에서 제대로 출판되지 못했다. 당시 모스크바 검열

위원회 위원장은 『나의 신앙』을 가리켜, '우리 사회와 정부를 파괴할 수도 있는, 또한 교회의 가르침을 모조리 부정하는 극도로 불온한 책'이라고 말했다.

그 결과, 『참회록』, 『나의 신앙』, 『교리신학연구』 모두 러시아가 아닌 스위스 제네바에서 먼저 출판된다. 하지만 톨스토이의 이 '불온 문서'들은 석판 인쇄된 가철본 상태의 비합법 출판물로 러시아 전역에 퍼져나갔다.[3] 이 종교 관련 저작들을 통해 톨스토이는 정녕 야심 차게도 '진실로 새로운 기독교'를 창설하고자 한다.

사실 '새로운 종교'에 대한 생각은 젊은 시절의 톨스토이에게서 이미 발견할 수 있다. 27살이던 1855년 3월 4일 일기에 그는 새로운 종교 창설에 대한 착상을 적어놓았다. 그에 따르면 인류의 발전에 부합할 이 새로운 기독교는 기적과 신비가 제거된 '실질적인practical 종교'로, 내세의 행복이 아닌 이 땅에서의 행복을 약속하며, 이성이 그것을 완성할 것이라 한다(47:37). 실제로 30여 년이 흐른 후 노년의 톨스토이가 건설하고자 했던 새로운 신의 왕국의 핵심이 바로 그것이다. 그의 이론적 저술 중 가장 탁월하다고 평가되는 『하느님 나라는 너희 안에 있다』의 부제가 "신비적 교리가 아닌, 삶을 새로 이해하는 기독교"인 것은 우연이 아니다.

톨스토이에게 종교는 '신이 표상하는 무한무궁의 우주와 생명에 대한 인간의 관계이자, 그 결과로 나타나는 이 땅에서의 행동 규칙'에 다름 아니다. 따라서 그것은 인간이 이성으로 금방 이해하고 쉽게 실천할 수 있는 것이어야 한다. 그런데 타락한 교회는 알쏭달쏭한 기적으로 이 당연한 진리를 가리고, 신비의 유일한 해석자로서 자신의 존재를 특권화한다. 이에 톨스토이는 불합리한 믿음을 강요하는 일체의 신비와 기적이 제거된 '지극히 이성적인 종교'의 필요를 역설한다. 그런데 그것은 멀리 있지 않다. 초기 기독교가 바로 그것이다. 초기 기독교 정신은 4대 복음서, 그중에서도 예수의 산상설교(마태복음 5~7장)에 집약되어 있다.[4] 톨스토이의 거의 모든 종교적 저술의 핵심은 공식 교회와의 선명한 대비 속에 산상설교의 진정한 의미를 밝히는 데 있다고 해도 과언이 아니다.

톨스토이는 산상설교의 핵심을 "화내지 말라, 간음하지 말라, 맹세하지 말라, 악에 폭력으로 대항하지 말라, 적을 내 몸처럼 아끼라"로 요약하고, 구약의 십계명을 이 오계명으로 대체한다. 이 다섯 가지 계율을 관통하는 것은 바로 '사랑의 법칙'으로, 이는 "무엇이든지 남에게 대접받고자 하는 대로 너희도 남을 대접하라"는 기독교의 황금률(마태복음 7장 12절)에 가장 잘 드러나 있다.

톨스토이는 브라만교, 유대교, 가톨릭, 개신교, 이슬람교, 유교, 도교, 불교에 이르기까지 모든 참된 종교는 외적 형식은 다양할지라도, 근본원리에 있어서는 모두 같다고 생각했다. 그럼에도 그가 기독교를 자신의 종교로 선택한 이유는 오직 예수만이 사랑을 '최고'의 법칙으로 강조했기 때문이다. 다른 대종교도, 또 톨스토이가 보기에 부처의 설법이나 도교의 교리도 이웃 사랑을 미덕의 하나로 보긴 한다. 하지만 오직 기독교만이 사랑을 '우리 행동의 유일한 동기이자, 어떠한 예외도 허용하지 않는 최고의 율법'으로 삼는다.[5] 톨스토이는 사랑을 가장 이성적인 종교적 행위로 여겼고, 그에게 이성과 사랑은 대립하는 개념이 아니었다. 이웃을 사랑하려는 의식적 노력은 인간의 이성이 명령하는 최고의 행위인 것이다.

사람이 어떻게 살아야 할지 앞장서 알려준 예수는 톨스토이에게 무엇보다 '인간' 예수였다. 그는 예수를 신으로 섬기는 것이야말로 가장 큰 불경이라 말했다. 뿐만 아니라 톨스토이는 예수의 신성神性은 물론, 그의 부활, 그를 통한 대속, 미래의 재림 역시 믿지 않았고, 그 외 창조설,

성삼위일체, 동정녀 수태, 아담과 이브의 원죄, 천국과 지옥 같은 사후세계도 모조리 부정했다.

실제로 다른 어떤 종교도 기독교 교회가 설득하고 있는 것처럼 이성이나 현대의 지식에 상응하지 않는 비도덕적인 것을 설교하지는 않았다. … 태양이 있기 전에 빛이 창조되었다거나, 6천 년 전에 세계가 창조되었다거나 … 하는 것은 말할 것도 없고 … 성모가 어머니이면서 처녀라고 하는 것 … 그리스도가 승천해서 하늘 어느 곳에서 아버지이신 신의 왼편에 앉아 있다고 하는 것 … 과연 이보다 무의미한 것이 또 있을 수 있단 말인가? 절대로 있을 수 없다. (『종교와 그 진수』, 324)

내가 요령부득의 삼위일체나, 지금 시대에 아무 의미도 없는, 최초의 인간의 타락에 대한 우화나, 처녀에게서 태어나 인류의 죄를 대속하는 신에 대한 이야기를 거부한다고 말한다면, 그건 전적으로 맞는 얘기다. … 나는 신의 의지가 인간 예수의 가르침에 가장 선명하고 명확하게 표현되어 있다고 믿으며, 예수를 신으로 여겨 그에게 기도하는 것이야말로 가장 큰 불경이라 생각한다. (『1901년 2월

20~22일 최고종교회의의 결정 및 이와 관련해 받은 편지들에 대한 대답」, 34:248, 251~252)[6]

또 그는 기독교 예식의 본질이라 할 성찬식과 고해성사를 포함해, 유아세례, 성유식聖油式, 성상이나 성물 경배, 각종 기도 형식이나 서원 등 교회의 주요 의식을 일컬어 민중을 기만하는 '최면술'이라고 통렬하게 비난한다.

나는 모든 신비주의를 신에 대한 개념과 기독교 가르침에 부합하지 않는 저열하고 천한 속임수이자, 복음서의 직접적인 가르침의 파괴라 생각한다. … 고해를 통해 주기적으로 죄를 용서받는 것은 부도덕을 부추길 뿐, 죄에서 구원될 기회를 박멸해버리는 해로운 기만이다. … 또 특정한 방식으로 빵을 잘라, 특정한 말을 외우며 포도주에 적셔 … 그 빵조각을 먹으면, 그 사람 안에 하느님이 임하신다니. 이건 정말이지 끔찍하다! (「1901년 2월 20~22일 최고종교회의의 결정 및 이와 관련해 받은 편지들에 대한 대답」, 34:249~250)

톨스토이가 부정한 이 모든 것들은 사실 기독교 교리

와 예식의 가장 기본이 되는 것으로, 특히 예수의 신인성神人性이나 부활, 그를 통한 구원과 영생을 믿지 않는 기독교를 기독교라 할 수 있을지는 지금의 관점에서도 매우 의심스럽다. 모든 걸 탈탈 털어내고 그가 받아들인 건 오직 예수의 가르침 하나뿐이었다. 철저히 이성화된 톨스토이의 기독교는 계몽시대 합리주의자들이 개진한 '자연종교natural religion', 즉 인간의 이성적 통찰에 기반해 계몽의 목적에 종교를 종속시켰던 로크의 이신론理神論이나, 루소, 볼테르 등의 종교철학의 러시아적 변체라 할 만하다.[7] 당시 교회는 이 자연종교를 이단으로 배척했다.

실제로 러시아의 저명한 종교철학자 메레쥬콥스키D. Merezhkovskij는 톨스토이의 종교를 '그리스도 없는 그리스도교, 기독교를 참칭한 이교異教'라 한 바 있는데, 톨스토이가 주창한 '진실로 새로운 기독교'는 내용상 이단으로 불리기에 충분했다. 마침내 1901년 2월 24일, 러시아 정교회 최고종교회의는 '사이비 교주' 톨스토이의 파문을 공식 발표한다.

파문과 파격: 반교회에서 반국가로

1901년 2월 24일 러시아 정교회는 기관지를 통해 톨스토이의 파문과 관련한 입장을 다음과 같이 밝힌다.

… 새로이 거짓설교자 톨스토이 백작이 나타났다. 세계가 다 아는 작가이자, 러시아에서 태어나 정교신자로 세례와 교육을 받은 톨스토이 백작은 자신의 오만한 이성에 유혹되어 대담하게도 신과 그의 아들 예수, 그 신성에 거역하고, 자신을 먹이고 키워준 어머니 정교회를 모두 앞에서 명백하게 버렸으며 … 신이 주신 재능을 예수와 교회에 대적하는 가르침을 민중에 퍼트리고 … 조국의 신앙, 정교회의 신앙을 파괴하는 데 다 바쳤다. … 광신자의 질투심으로 그는 정교회의 모든 교리를 전복하고, 기독교 신앙의

본질 자체를 전복할 것을 설교하고 있다. … 따라서 그가 회개하고, 교회와의 교제를 회복하지 않는 한, 교회는 그를 자신의 일원으로 간주하지 않으며, 간주할 수 없다. (「최고종교회의 결정문」)[8]

톨스토이는 자신이 정교회라 불리는 교회를 버렸음을 기꺼이 인정한다. 그러나 "신을 거역해서 버린 것이 아니라, 영혼의 온 힘을 다해 그를 섬기기 위해 버렸다"고 항변한다(34:247).

정신적 위기의 시기, 교회에 의심을 가지게 된 톨스토이는 이후 교회의 가르침을 이론적, 실제적으로 연구하는

러시아정교회 공식 기관지 〈체르코브늬예 베도모스티〉에 실린 톨스토이 파문 결정문(1901. 2. 24)

데 몇 년을 바쳤다. 그는 성경, 교회의 각종 교리들, 이론 서들을 모조리 다시 읽고 철저히 분석했다. 또 모든 예배와 예식에 참여하며, 교회가 명하는 규율과 지침을 엄격히 따랐다.

그 결과 톨스토이가 얻은 결론은 "교회의 가르침은 이론적으로는 교활하고 해로운 거짓이며, 실천적으로는 기독교 가르침의 모든 의미를 완전히 가리는 가장 천한 미신과 속임수의 조합"이라는 것이었다(34:247). 톨스토이는 정말 신성한 것이 있다면 그것은 교회가 신비라 부르는 것이 아니라, 그 종교적 기만을 폭로할 의무이며, 이를 폭로하는 자신을 불경하다 한다면 그것이야말로 중상모략이며, 만일 예수가 이 땅에 나타나 자기 이름으로 행해지는 이 모든 사기와 협잡을 목도한다면, 마땅히 큰 분노로 모든 것을 내던져 버리리라 말한다(34:251).

흥미롭게도 톨스토이의 파문을 초래한 직접적인 계기는 정작 그의 종교 저술들이 아니라, 소설 『부활』(1899)이었다. 전자가 검열로 출판되지 못해 비합법적 경로로 유포되었다는 점은 밝힌 바 있다. 따라서 거기에 접근할 수 있는 사람들은 상대적으로 제한되어 있었다. 톨스토이의 파문과 관련해서도 그렇다. 교회의 결정문은 교회의 공식 기관지는 물론, 러시아의 주요 일간지마다 대문짝만하게 실린 반면, 그에 대한 톨스토이의 반박문은 몇몇 교회 간행물에만, 그것도 검열로 백여 줄이 삭제된 채 실렸고, 그 직후 재인쇄가 전면 금지되었다.

그래서 다행인지 불행인지 톨스토이가 저렇게 파격적인 종교관을 가지고 있다는 사실을 세세하게 아는 사람은 그리 많지 않았다. 톨스토이의 반박문 전문은 1905년이 돼서야 처음으로 러시아에 소개되었는데, 이때 그 글을 실은 잡지의 편집자는 "대중은 자신들의 우상이 실제로 얼마나 거대한 이단자인지, 얼마나 무서운 적그리스도인지를 그제서야 처음으로 알게 되었다"고 술회한 바 있다.[9]

반면 『부활』은 귀족이나 판검사, 성직자 등 지배계층의 속물적인 삶에 대한 통렬한 비판에도 불구하고, 신기하게도 검열을 통과해 널리 보급되었다. 사실 『참회록』이후 나온 톨스토이의 『부활』은 그 이전에 나온 『전쟁과 평화』나 『안나 카레니나』에 비해 예술적 수준이 낮다는 비판을 자주 듣는다. 설교자 톨스토이가 작가 톨스토이를 압도해 소설이 미의 법칙이 아니라 선악의 도식에 따라 작위적으로 구성되었다는 것이다.

그런 평가가 온당한지도 따로 따져봐야겠지만, 아이러

니하게도 톨스토이의 예술작품 중 (러시아뿐 아니라 외국까지 포함해) 대중적으로 가장 큰 사랑을 받은 것이 바로 이 '예술적 성경' 『부활』이다. '근대의 『일리아스Ilíás』'라 불리는 러시아의 자랑 『전쟁과 평화』보다 『부활』을 읽은 러시아인이 20배나 더 많았을 정도였다.[10] 『부활』에서 톨스토이는 당시 최고종교회의 의장을 연상시키는 인물을 등장시켜 신성모독이라 할 정도로 거칠게 교회를 비판한다. 톨스토이를 파문으로 몰고 간 결정적인 계기는 『부활』의 여주인공 카추샤가 살인 혐의로 수감되었던 구치소 성당의 미사 장면이다.

> 미사에 참석한 사람들 중에서, 예수의 이름으로 행해지고 있는 이 모든 일들이, 실은 예수에 대한 조롱이며 최대의 신성모독이라는 사실을 아는 이는 아무도 없었다. … 포도주와 빵을 먹음으로써 예수의 살을 먹고 피를 마셨다고 생각하는 사제들은 실제로 예수의 살을 파먹고 피를 빨아먹은 자들이었다. 그들은 예수가 자신과 동일시한 '어린 양'들을 희롱하고, 예수가 전한 복음을 감춤으로써 사람들의 행복을 박탈하고 끔찍한 고통에 빠지게 만들었다. 하지만 이를 아는 이는 아무도 없었다. … 사제는 이러한 일들

에 아무 거리낌이 없었다. … 그는 이 신앙의 본질적 가르침은 완전히 잊어버린 채, 추도식에 얼마, 미사에 얼마, 일반 기도에 얼마, 찬송 기도에는 또 얼마, 이렇게 일정액의 헌금이 측정되고 있어, 신실한 교인이라면 기꺼이 그 돈을 지불한다는 사실만이 머릿속에 남아 있었다. … 소장이나 간수들은 이 신앙의 가르침이 무엇인지, 성당에서 행해지는 의식이 어떤 의미를 지니고 있는지 생각해본 적도, 알려고 해본 적도 없었다. 그저 장관들과 황제가 믿으니 자기도 무조건 믿어야 한다고 생각했다. 게다가 그들은 이유를 설명할 순 없지만, 막연하게나마 이 신앙이 자신들의 잔인한 직무를 정당화시켜 주고 있다고 생각하고 있었다. 이러한 신앙마저 없었다면 그들이 지금처럼 아무 거리낌 없이 사람을 괴롭히는 데 온 힘을 쏟기란 힘들었을 것이다. 아니 그것은 아예 불가능한 일일지도 모른다. (『부활』, 213~215)

인용에서 짐작할 수 있듯이, 톨스토이가 '이단 중의 이단'이자 '러시아 사회를 파괴할 극도로 불온한 인물'로 파문당한 진짜 이유는 예수의 신성과 부활, 내세 등을 믿지 않고, 성찬이나 고해 등을 거부했기 때문만은 아니다. 톨스토이가 교리나 형식상의 파격을 요구했던 이유는 단 하나, 그런 단순화와 절제를 통해서만 누구나 이해 가능하고 누구나 실천 가능한 예수의 가르침이 온전히 드러난다고 여겼기 때문이다.

그럼 이렇게 쉽고 간명한 예수의 가르침이 실현되지 않는 이유는 무엇일까? 톨스토이는 국가 때문이라고 말한다. 그 국가를 교회가 정당화시켜 주고 있기 때문이라고 그는 말한다. 이렇게 톨스토이의 반교회론은 반국가론과 연결된다.

세상 사람들은 어째서 이렇게도 자연스럽고 필요 불가결하고 동시에 실행이 가능한 것을 실행하지 않는 것일까? 다른 것이 아니다. 우리 시대의 사람들이 … 폭력, 무기, 감옥, 교수대 등에 의해서 자기들의 생활을 구성하고 강화하는 것에 익숙해져서, 그런 생활 조직을 정상적이라고 볼 뿐 아니라, 절대적으로 유일한 것이라고까지 생각하게 되었다는 것, 바로 여기에 그 주요 원인이 있는 것이다. … 법률을 빙자해 행해지는 폭력과 범죄의 습관이 점점 빈번해지고, 종교와 더불어 제창되는 허위종교의 최면술이 많아질수록 … 참된 종교를 인생의 기초로 받아들이는 것이

힘들어지고 마는 것이다. (「종교와 그 진수」, 345~346)

교리와 형식의 파격은 종교의 역할이나 사명의 혁신, 그리고 사회 개조를 향한 도덕적 혁명에 대한 요구로 이어진다. 그의 기성종교 비판과 참된 종교의 주창은 따라서 반국가, 반체제 사상과 분리 불가능하게 결합되어 있다. 톨스토이의 파문이 종교적 스캔들이 아닌 정치적 사건이 될 수밖에 없었던 것은 이 때문이다.

실제로 당시 최고종교회의 의장 포베도노스체프K. Pobe-donostsev가 정작 톨스토이의 파문을 마지막까지 망설였던 이유도 그것이 대중에게 교회가 아닌 정부의 조치로 받아들여질까 두려워했기 때문이었다. 차르 알렉산드르 3세 역시 "톨스토이의 영광에 수난자의 화환까지 더해주고 싶지 않다"며 파문을 끝까지 허락하지 않았다. (톨스토이의 파문 절차는 알렉산드르 3세가 죽고 니콜라이 2세가 즉위한 후 이루어졌다.)

한편, 톨스토이를 극도로 증오했던 유명 사제 크론슈타츠키I. Kronshtadtskij는 "신이시여… 러시아에 평화를 주시고, 폭동과 혁명을 멈추시고, 가장 사악하고 참회할 줄 모르는 불경한 레프 톨스토이와 그의 모든 광적인 추종자들을 땅에서 거두어가소서"라는 기도문을 모스크바의 한 신문에 싣기까지 했다.[11] 파문은 『부활』과 더불어, 반역자 톨스토이, 저항자 톨스토이를 대중의 뇌리에 가장 극적인 방법으로 각인시키는 사건이 된다.

이렇게, 가슴을 치며 자신의 죄를 참회하는 톨스토이는 '예수의 살을 파먹고, 피를 빨아먹고, 돈에 환장한 사제'를 격렬하게 고발하는 톨스토이와 공존한다. 화내지 말며, 원수를 내 몸처럼 아끼라는 사랑의 성자 톨스토이는 '왕, 장관, 장군, 판사, 대지주, 상인, 군인, 경찰관은 그저 더 큰 살인자, 강도, 도적들'일 뿐임을 폭로하는 톨스토이와 공존한다. 성경에 기반한 선한 삶을 격려하는 톨스토이는 "기독교인은 국가가 정한 법에서 자유롭다"며 탈법과 불복종을 선동하는 톨스토이와 공존한다.[12]

슈테판 츠바이크[S. Zweig]가 톨스토이에 대한 유명한 전기에서 '동포애에 대한 그의 조용한 설교나, 기독교적 겸손으로 채색된 어법, 교리주의 때문에 사회비판의 완전한 반국가행위를 자칫 간과해서는 안 된다'고 말했던 것도 이런 맥락에서일 것이다.[13] 이렇게 평화의 설교자와 평화의 실천가, 성자 톨스토이와 전사 톨스토이가 결합된다.

2장

ㅡㅡㅡ＋＋＋＋＋＋＋＋＋ㅡ

반국가와 탈애국

국가는 폭력이다

톨스토이의 국가론, 정확히는 반국가론 또는 탈국가론이라 할 그것은 『참회록』 이후 그가 사회정치적 테마와 관련해 정력적으로 써 내려간 수많은 글에서 발견할 수 있다. 그중에서도 『하느님 나라는 너희 안에 있다』(1893, 이하 『하느님 나라』), 『폭력의 법칙과 사랑의 법칙』(1908, 한국에서는 『사랑의 법칙과 폭력의 법칙』으로 출간), 『국가라는 미신』(1910), 그리고 그가 1900년에 쓴 일련의 논문들, 즉 「우리 시대의 노예제」, 「애국심과 정부」, 「살인하지 말라」 등에 잘 드러나 있다.

　이 저작들 역시 대부분 검열로 인하여 톨스토이 생전에 러시아에서 온전히 출판되지 못했다. 하지만 간디가 "이 책 앞에서 다른 모든 책은 빛을 잃는다"고 극찬했던

독일 베를린에서 출판된 『하느님 나라
는 너희 안에 있다』(1894)

『하느님 나라』는 검열 당국에 의해 책이 회수되기 전에 이미 수천 부가 러시아에 뿌려졌고, 영국, 독일, 프랑스, 미국 등에서도 앞다투어 출판되었다. 간디가 책을 접한 것도 영국에서였다. 톨스토이의 '정신적 유언'이라 불리는 『폭력의 법칙과 사랑의 법칙』도 영국에서 먼저 출판되었다. 한편, 톨스토이가 죽기 직전에 쓴 『국가라는 미신』은 국가에 대한 톨스토이 자신의 생각과 다른 유명 사상가들의 견해를 모은 글이다. 이 저작들의 제목은 그 자체로 국가와 그 통치기구인 정부에 대한 톨스토이의 생각을 간명하게 드러낸다.

톨스토이는 왜 국가를 거부하는가? 진실로 새로운 기독교가 추구하는 '사랑의 법칙'의 실현을 국가가 기반한 '폭력의 법칙'이 불가능하게 하기 때문이다. 사랑이 남에게 대접받고자 하는 대로 남을 대접하는 것이라면, 폭력은 남에게 대접받기 위해 남을 강제하는 것이다. 그런데 국가의 근간을 이루는 사법제도, 조세제도, 병역제도는 모두 폭력과 강요에 기반한다. 형제가 형제를 체포하고 심판하고 감금하고 목숨을 빼앗는 것, 한 줌밖에 안 되는 부자가 가난한 백성 전체를 갈취하고 착취하는 것, 형제가 또 다른 형제를 죽이도록 훈련시켜 사지로 내모는 것. 이 모두는 악을 악으로 갚지 말라, 원수를 내 몸처럼 아끼라는 그리스도의 계율에 정면으로 대치되는 것이다.

톨스토이에게 종교가 신이 아닌 인간을 위한 것이듯이, 신의 왕국 또한 저 높은 하늘나라에 있는 것이 아니라, 이미 인간 속에 잠재해 있다. 이 가능성을 현실로 바꾸어주는 것이 바로 사랑의 법칙이다. 인간이 최고의 율법인 사랑을 형제, 이웃과 조건 없이 나눌 때 신의 왕국이 우리 안에 도래한다. 그러나 국가라는 미신이, 국가라는 폭력이 진정한 기독교 왕국의 건설을 방해한다.

톨스토이는 『하느님 나라』에서 국가라는 폭력의 고리를 구성하는 네 가지 요소로 '위협-매수-최면-공권력(군대와 경찰)'을 꼽는다. '위협'은 기존의 통치 체제를 신성하고 변하지 않는 것으로 받아들일 것을 강요하고, 그 변경을 시도하는 자에게 가차 없이 처벌을 내리는 것을 말한다. '매수'는 노동하는 대중에게서 세금이라는 명목으로 빼앗은 재물을 관리나 공직자에게 나누어주어 그들이 국가의 폭력 구조를 유지하는 데 봉사하게 만드는 것을 뜻한다. 이 매수의 대상에는 성직자, 학자, 예술가 등도 고루 포함된다.

'최면'은 다수의 대중에게 '애국심이라는 터무니없는 미신'과 '정부에 대한 복종이라는 가공의 의무'를 주입해 자신의 노예 상태를 자각하지 못하게 세뇌하는 것을 말한다. 마지막 요소인 '군대와 경찰'은 앞서 말한 세 가지를 지원하고 완성하는 가장 기초적인 폭력 도구로, 이를 위해 국가는 특정한 수의 사람들을 뽑아 특히 강력한 정신적 마비와 야수화를 진행시킨다.[1]

국가의 최면과 노예화의 결과, 사람들은 국가가 사라지면 커다란 혼란이 있을 거라고 믿는다. 하지만 톨스토이는 국가나 정부를 폐지한다고 해서 합리적이고 정당한 모든 조직이나 제도가 사라지지는 않을뿐더러, 설사 그것이 아무리 혼란스럽더라도 오늘날 국가가 초래한 상황보다 더 나쁠 수는 없다고 말한다. 그가 상상한 국가가 사라진 세계는 다음과 같다.

더 이상 독점적인 토지 소유도, 유해한 목적을 위한 세금 징수도, 나라들 사이의 분열도, 한쪽에 의한 다른 쪽의 예속도, 전쟁을 일으키기 위하여 모든 인간들을 소모시키는 일도, 한쪽으로부터의 폭탄과 다른 한쪽의 교수대에 대한 공포도, 일부 국민의 지나친 사치나 더 많은 사람의 무서운 궁핍이 더 이상 계속되지 않을 것이다. (『사랑의 법칙과 폭력의 법칙』, 127)

톨스토이는 사람들이 당연한 것으로 여겨 순순히 따르는 국가의 모든 요소가 이처럼 물리적 폭력과 위협에 기초하고 있다고 보았다. 톨스토이가 거부한 국가는 당대 러시아의 차르 체제만이 아니었다. 그가 보기에 모든 국가는, 그것이 전제정이건 입헌군주제건 민주공화정이건 간에, 기본적으로 폭력에 기반하며, 그 해악이 이익에 비할 수 없이 크다는 점에 있어 별반 다르지 않다. 오히려 그는 억압적 체제하의 국민이 더 고통스러울지는 몰라도 그만큼 권력의 폭력성을 선명히 인식할 수 있기에 정신적으로는 더 자유로울 수 있다고 말한다.

반면 민주국가의 국민은 정부에 참여하고 있고 참여할 수 있다는 상상 속에 폭력의 정당성을 인정하기 때문에 오히려 언제나 노예인 것이다. 그들이 언론, 출판, 집회, 양심의 자유 등 다양한 자유를 구가하는 듯 보이지만, 그런 특정한 행위에 대한 권력의 허가는 보다 근원적인 폭력을 받아들인 대가로 주어지는 것이다. 이는 마치 노예가 일요일에 교회에 가거나 뜨거운 물에 목욕할 수 있게 허락받는 것이나 다를 바 없다.

톨스토이는 '이런저런 종류의 자유가 아니라, 진정하고 완벽한 하나의 자유'를 얻으라고 권한다.[2] 그 자유는 국가로부터의 자유, 즉 국가 철폐에 의해서만 가능하다. 이렇게 그는 독재나 전제 등 억압적인 정치 체제만 거부한 것이 아니라, 국가라는 틀 자체를 부정한다. 이처럼 가장 원칙적이고 근원적인 차원의 국가 부정이 가능한 것은 톨스토이가 국가 폭력의 근원을 무엇보다 '법'에서 발견하기 때문이다.

> 노예제의 본질은 … 입법권이 존재한다는 사실 자체에 … 있다. … 법을 만들 수 있는 권력을 가진 사람들이 존재한다는 게 문제다. 입법권은 무엇인가? 무엇이 사람들에게 법을 만들 수 있는 권리를 부여하는가? … 입법은 국민 전체의 의사 표현 행위라고들 한다. … 하지만 그 어떤 법도

전체 국민의 의사를 표현하지는 못한다. … 따라서 법에 관해 만인이 이해할 수 있는, 반박할 수 없는 명확한 정의는 이렇게 될 것이다. "법은 조직화된 폭력으로 통치하는 사람들이 만든 규칙이다." (『우리 시대의 노예제』, 151~154)[3]

국가에 대한 톨스토이의 통찰에서 우리는 폭력에 대한 현대 이론의 어떤 원형을 발견할 수 있다. 위협-매수-최면-공권력으로 구성되는 '폭력의 고리'에 대한 톨스토이의 논의는 현대 평화학의 아버지 요한 갈퉁 J. Galtung의 '폭력의 삼각형', 즉 직접적 폭력-구조적 폭력-문화적 폭력이 이루는 연쇄를 떠올리게 한다. 갈퉁으로부터 시작된 비판적 평화학의 의미는 국가가 가장 근본적인 폭력의 단위가 될 수 있다는 점을 간파함으로써 전통적 평화학의 국가중심주의 패러다임을 넘어섰다는 데 있다.

또 '조직화된 폭력의 기반으로서의 법'에 대한 톨스토이의 의구심은 법과 폭력이 발생에서부터 작동에 이르기까지 얼마나 긴밀하게 연관되어 있는지를 논파한 발터 벤야민 W. Benjamin을 연상시킨다. 폭력에 대한 철학적 성찰의 원류라 일컬어지는 벤야민 이론의 핵심은 여타의 폭력과 자신을 구별 짓는 국가독점폭력의 합법성이 얼마나 허구

적이며, 정의正義와 합법성에 대한 그 주장 자체가 얼마나 근본적인 폭력인지에 있다.[4] 이는 '도대체 누가, 무엇이 그들에게 법을 만들 권리를 부여하는가'라는 톨스토이의 의문과 맞닿아 있다. 어쩌면 이제부터 우리는 폭력에 대한 현대 이론의 원류를 벤야민보다 30여 년쯤 앞선 지점에서 찾아야 할지 모른다.

혁명, 테러리즘, 아나키즘

벤야민이 법과 폭력의 타락한 결탁을 끊어낼 '혁명'에 대한 기대를 끝까지 저버리지 못한 것과 달리, 톨스토이는 혁명이 현재의 폭력을 대체할 대안이 될 수 없음을 분명히 하고 있다. 왜냐하면 혁명 역시 결국은 폭력으로 폭력을 대체하는 것이고, 폭력에 기반한 권력에의 의지는 더 큰 폭력을 낳기 때문이다.

정부가 무력에 의해 전복되고 권력기관이 다른 이들의 수중에 넘어간다고 하더라도 결코 이 새로운 권력이 원래의 권력보다 덜 억압적이지는 않을 것이다. 왜냐하면 패배한 적들의 분노로부터 스스로를 보호해야 하기 때문이다. 따라서 새로운 권력은 이전의 권력보다 훨씬 더 잔혹하고 전

제적일 수밖에 없다. 모든 혁명의 역사가 이 사실을 입증하고 있다. (「하느님 나라」, 25~26)

실제로 혁명을 목전에 둔 당시의 러시아에는 허무주의자, 아나키스트, 사회주의자 등 다양한 혁명세력에 의한 테러와 암살이 끊이지 않았다. 톨스토이의 또 다른 논문 「살인하지 말라」는 이러한 분위기 속에서 테러리즘에 반대해 쓰였다. 논문은 알렉산드르 2세의 암살로부터 출발한다. 1881년 러시아는 두 거인을 잃는다. 천재 작가 도스토옙스키가 세상을 떠났고, 알렉산드르 2세가 살해되었다. 진보적인 개혁정책과, 특히 1861년 농노제를 폐지함으로써 '해방자 차르'라 불렸던 알렉산드르 2세는 아이러니하게도 인민의 의지당 당원의 여섯 차례에 걸친 암살 시도 끝에 폭살당했다. 러시아 사회는 큰 충격에 빠진다.

이 논문에서 특이한 점은 톨스토이가 황제의 암살보다 사회의 반응을 먼저 문제 삼았다는 점이다. 즉, 그게 뭐 그리 놀랄 일이냐는 것이다. 톨스토이에 따르면, 살해당한 황제들의 경우, 그가 알렉산드르 2세처럼 가장 온건한 왕이라 할지라도, 그들의 지시나 명령에 의해 처형당하거나 전장에서 목숨을 잃은 사람의 수가 적어도 수만을 헤아린다. 수만, 때로는 수십에서 수백만의 살인을 지시한 사람들에게 소위 '눈에는 눈, 이에는 이'의 율법이 적용되었다 해서 그것이 그렇게 놀라고 분노할 일이냐는 것이다. 황제 암살에 놀랄 것이 아니라, 오히려 그들이 자행한 학살에 비해 그들의 피살이 매우 드물다는 사실에 놀라야 할 것이라고 그는 말한다.

물론 그렇다고 톨스토이가 테러리즘을 옹호하는 것은 결코 아니다. 테러만큼이나 그것이 겨냥하는 국가권력에 대한 톨스토이의 분노가 그만큼 깊다는 뜻이다. 톨스토이는 테러리즘에 대한 반대를 명확히 한다. 이유는 첫째로, 똑같이 폭력을 사용한다는 점에서 테러 행위도 국가만큼이나 부도덕하기 때문이며, 두 번째로는 국가 타도라는 목표 면에서도 테러가 전혀 효율적이지 않기 때문이다.

왕이나 황제는 목을 자르면 거기서 새로운 목이 나오는 신화 속의 괴물과도 같아서 그들의 목을 쳐봐야 아무 소용이 없다는 것을 그들은 왜 모를까? ⋯ "국왕이 죽었다! 새 국왕 만세!" 그러니 그들을 죽여서 무슨 소용이란 말인가? ⋯ 국민의 불행을 가져온 원인은 어떤 특정한 개인이 아니라, 어떤 특정한 사회 질서다. ⋯ 따라서 우리가 해야 할 일은 알렉산드르나 니콜라이나 빌헬름이나 움베르토를 죽이는 게 아니라, 그들을 낳은 사회 구조에 대한 지지를 철회하는 일이다. (「살인하지 말라」, 93~94, 97)[5]

테러리즘에 대한 톨스토이의 태도, 즉 국가 타도라는 목적에는 동의하나, 암살과 테러라는 방법에는 동의하지 않았던 것은 아나키즘에 대한 그의 태도에도 똑같이 적용된다. 사실 톨스토이는 세계 아나키즘의 주요한 사상적 원천이자, 바쿠닌M. Bakunin, 크로포트킨P. Kropotkin과 더불어 러시아 3대 아나키스트로 꼽힌다. (톨스토이는 물론, 세계 3대 아나키스트인 프루동, 바쿠닌, 크로포트킨 중 두 사람이 러시아인이라는 사실은 한번 따로 곱씹어볼 만한 주제다.)

톨스토이는 1861년 유럽 여행 당시 근대 아나키즘의 창시자 프루동P. Proudhon을 브뤼셀에서 만났다. 특히 프루동의 '소유는 절도다'라는 유명한 명제는, 헨리 조지Henry George의 토지공유론과 더불어, 사적 소유에 대한 톨스토이의 부정적 견해에 결정적인 영향을 미쳤다.

반면, 톨스토이는 같은 러시아인이었던 바쿠닌이나 크로포트킨과는 직접 만난 적이 없었다. 바쿠닌과 크로포트킨 모두 시베리아에서 유형 생활을 하다 외국으로 망명했

기에, 두 번의 유럽 여행을 제외하고 러시아를 떠난 적이 없는 톨스토이와 만날 기회가 없었던 것이다,

하지만 이들은 서로의 존재를 잘 알고 있었고, 이론상 큰 차이는 있었지만, '국가 부정'이라는 대전제에 있어서는 서로 공명하고 있었다. 톨스토이는 바쿠닌의 시베리아 탈출을 간접적으로 도왔고, 크로포트킨은 톨스토이가 지원하던 양심적 병역 거부자들의 캐나다 이주를 돕기도 했다. 특히 톨스토이는 '톨스토이보다 더 톨스토이스럽다'는 평을 들었던 충직한 비서 체르트코프V. Chertkov를 사이에 두고 크로포트킨과 깊은 지적 교류를 나눴다.

톨스토이가 크로포트킨의 『상호부조론』, 『빵의 쟁취』, 『장, 공장, 작업장』, 『청년에게 고함』 등에 큰 감명을 받은 것처럼, 크로포트킨 역시 상호부조론을 포함해 자기 이론의 많은 부분이 톨스토이에게 빚진 바 크다는 사실을 숨기지 않았다.

톨스토이와 지적 교류를 나눴던 세계 3대 아나키스트 크로포트킨 (1842~1921)

또 톨스토이의 사회정치 사상은 물론, 『부활』 같은 작품에 깊이 감동해 「레프 톨스토이. 그의 개성과 창작」 같은 글을 쓰기도 했다.[6]

이처럼 톨스토이는 원칙적으로는 아나키즘에 대해 우호적인 입장을 보였지만, 단 한 번도 자신을 아나키스트로, 자신의 사상을 아나키즘으로 인정한 적은 없었다.

> 아나키스트들은 모든 점에서 옳다. 현존하는 체제를 부정한다는 점에서도, 현존하는 관습 중 어떤 것도 권력이 휘두르는 폭력보다 더 나쁠 수는 없다고 주장한다는 점에서도 그렇다. 그러나 그들은 아나키즘이 혁명으로 확립될 수 있다고 생각한다는 점에서는 심각한 오류에 빠져 있다. (「아나키즘에 대하여」, 83)[7]

톨스토이가 자신을 아나키스트로부터 확고히 분리한 이유는 두 가지다. 첫째로 대부분의 아나키스트가 반국가와 더불어 반종교, 반신학적 입장을 취한다는 점 때문이다. 모든 권위로부터의 절대적 자유를 주장하는 아나키즘은 대부분 무신론에 기반한다. 톨스토이 역시 기성교회가 국가와 악의 공모관계에 있음을 누구보다 열성적으로 폭로해왔다. 하지만 앞서 살펴본 바와 같이, 그는 기성교회와 새로운 기독교를 명확히 구분해, 국가 철폐의 방법에서부터 그 이후까지를 진실한 기독교 신앙의 실천에서 찾았다. 톨스토이의 아나키즘이 흔히 기독교 아나키즘, 종교적 아나키즘으로 불리는 것은 이에 근거한다.

두 번째 이유는 많은 아나키스트들이 '혁명에 의한 국가 타도의 필요성'을 주장한다는 데 있다. 보통 톨스토이와 구별해, 바쿠닌이나 크로포트킨이 '행동적 아나키스트'로 분류되는 것은 이와 관련된다. 실제로 크로포트킨은 톨스토이를 깊이 존경했지만, 혁명에 대한 입장에서는 서로 확연히 갈린다고 생각했다. 크로포트킨은 톨스토이가 주장해온 사적 소유 철폐 및 토지 공유화와 관련해 다음과 같이 말한다. "대체 누가 그걸 해야 하는가? 차르가? 의회가? … 그건 오직 혁명만이 할 수 있고, 여기서 나와 톨스토이는 갈라진다."[8] 톨스토이가 이 무력 혁명을 국가만큼이나 부도덕하고 불길하기 짝이 없는 것으로 받아들였다는 점은 이미 살펴본 바 있다.

톨스토이가 사회주의 혁명에 반대한 것은 그것이 폭력을 사용하기 때문만은 아니다. 주지하다시피 사회주의의 본질은 자본이나 생산수단의 국유화에 있다. 즉, 사회주의는 자본과 토지를 공동의 재산으로 만들어 인간의 노동을 관장하고, 노동한 만큼 혹은 필요에 따라 물품을 분배하는 것을 목적으로 한다. 따라서 톨스토이가 보기에 사회주의가 수립하고자 하는 정부는 '주로 경제를 관리할 목적'을 위해 필요하다.

하지만 이렇게 물질적 부의 분배에 따른 행복을 추구하는 사회는 결코 개인의 이기심을 제어할 수 없다. 더구나 그것이 프롤레타리아 독재라는 고도로 집중된 중앙권력에 의해 집행된다면, 그 조직의 타락은 누가 통제할 수 있는가. 톨스토이의 경험상, 군주국이든 공화국이든 물품의 양을 결정하고 그것을 분배하는 일에서 부정이 발생하지 않는 경우는 찾아볼 수 없다.[9] 결국 프롤레타리아 독재는 그들이 타도한 정권과 마찬가지로 타락한 권력의 폭력적 지배체제로 굳어질 수밖에 없다.

이런 이유로 톨스토이는 국가 사회주의로부터 기독교 사회주의까지 모든 사회주의를 거부하며, 이렇게 간단한 이치를 깨닫지 못하는 사람들에 답답함을 금치 못한다. 얼마 후 그의 조국에서 발생한 사회주의 혁명이 얼마나 처참한 대량 폭력의 기원이 되었는지, 또 스탈린 독재가 얼마나 타락하고 부패한 관료제를 수반했는지 떠올린

다면, 사회주의에 대한 톨스토이의 경고는 예언적이라 할
만하다.

한편, 사회주의 혁명의 아버지 레닌은 1905년 제1차
러시아혁명이 실패한 이유 중 하나가 다름 아닌 톨스토이
때문이라고 생각했다. 그는 고리키에게 『전쟁과 평화』를
읽을 시간이 없다고 투덜거리는가 하면, "유럽의 그 누가
톨스토이와 어깨를 나란히 할 수 있는가? 아무도 없다"라
며 그를 자랑스러워했다.[10] 반면 톨스토이의 평화주의에
대해서는 '일부 취할 점이 없는 것은 아니지만, 결과적으
로 몹시 반동적이고 해로운 것'이라 여겼다.

레닌은 톨스토이의 장점과 단점, 그 이중성 자체가
1905년 부르주아혁명의 가능성과 한계, 당시 러시아 농

1908년 레닌이 쓴 「러시아 혁명
의 거울 레프 톨스토이」의 자필
원고

민의 모순적 상태를 그대로 반영하는 것이라 결론짓는다. 레닌이 톨스토이의 80세 생일을 기념해 쓴 논문 「러시아 혁명의 거울 레프 톨스토이」(1908)의 핵심이 바로 이것이다.

이 논문은 톨스토이의 본질을 '두 톨스토이'에서 찾는 해석의 원조에 해당한다. 레닌은 톨스토이 속에서 '천재적 예술가-예수 역의 어릿광대, 사회적 위선에 대한 강력한 저항자-자기 가슴을 치는 무기력한 지식인, 자본주의 착취와 국가폭력의 가차 없는 폭로자-심약한 무저항의 설교자, 가장 분별 있는 리얼리스트-가장 혐오스러운 종교 전파자'를 동시에 발견한다.[11] 레닌에게 톨스토이는 최고의 리얼리스트답게 현실의 문제점을 인식하고 비판, 폭로할 줄은 알았지만, 어떻게 해결할지 그 방법은 모르는 사람이었다. 톨스토이의 권력의 부정, 정치의 부정, 폭력의 부정은 레닌이 내세운 유일한 방법론, 즉 프롤레타리아 혁명론에 모든 점에서 대치되는 것이었기 때문이다.

국가와 싸우는 방법

그럼 톨스토이의 방법은 무엇이었는가? 국가에 복종해 협력하는 건 물론 안 되고, 의회주의나 민주주의적 절차에 의해 국가를 개선하는 것도 안 되고, 무력 혁명으로 국가를 전복하는 것도 안 된다면, 도대체 어떻게 국가라는 악을 넘어설 수 있는가? 국가 철폐를 위해 무엇을 해야 하는가?

톨스토이는 정부와 싸워야 한다고 말한다. 그러나 폭력이 아니라, 삶으로, 그 도덕적 힘으로 싸워야 한다고 말한다. 따라서 유일하고 영원한 혁명은 오직 '도덕적 혁명' 뿐이다.

폭력을 사용하는 것은 헛된 일이다. 반발만을 낳기 때문이다. 정부 조직에 참여하는 것 역시 헛된 일이다. 정부의 하수인이 될 뿐이다. 그러나 하나의 방법이 남아 있다. … 사고, 연설, 행동, 삶을 통해 정부와 싸우는 것이다. … 이것이 하느님의 뜻이며 그리스도의 가르침이다. 단 하나의 영구적인 혁명만이 있을 뿐이다. 바로 도덕적인 혁명, 영혼의 갱생이다. (「아나키즘에 대하여」, 87)

그럼 이 도덕적 혁명은 어떻게 가능한가? 우리는 국가와 어떻게 싸워야 하는가? 톨스토이는 「우리 시대의 노예제」에서 4가지 행동 원칙을 말한다.

먼저 공직 거부, 즉 일개 경찰에서 국회의원이나 장관에 이르기까지, 자의든 타의든 국가와 관련된 그 어떤 직위도 받아들이지 말아야 한다. 두 번째는 납세 거부다. 직접세든 간접세든 정부에 세금을 납부하지 말고, 세금으로 거둔 돈에서 나온 것이라면 봉급이든 연금이든 포상금이든 그 어떤 돈도 받지 말아야 한다. 세 번째는 공권력 의존 금지 원칙이다. 특히 사유 재산이나 토지 보호, 또는 신변 보호를 위해 법이나 공권력 등 국가 폭력에 호소하지 말아야 한다. 마지막은 병역 거부로, 이것이야말로 톨스토이가 가장 지속적으로, 가장 열렬히 강조한 원칙이다.[12]

정부는 흔히 외국의 침략을 막기 위해 군대가 필요하다고 말하지만, 톨스토이가 보기에 그건 사실이 아니다. 모든 정부는 국민에게 복종을 강요하고, 그들의 노동생산물을 강탈하기 위해 군대를 필요로 하며, 다른 민족이 아니라 자신들이 노예화하고 억압한 국민들로부터 스스로를 보호하기 위해 군대를 유지한다. 따라서 병역을 이행하는 것은 국가폭력에 동참하는 것이고, 시민들 자신이 스스로의 압제자가 되는 것에 다름 아니다. 톨스토이는 1874년부터 러시아에 도입된 국민개병제를 사회의 모든 근간을 파괴하는 악으로 간주하고, 병역 거부야말로 진정한 기독교인의 의무라고 주장한다.[13]

기독교인의 양심적 병역 거부에 대한 톨스토이의 신념은 매우 확고했다. 이는 그가 전쟁을 최고의 악이라 여겼기 때문이다. 그가 초기 기독교 정신으로 돌아가자고 한 가장 큰 이유도 여기에 있다. 그는 초기 기독교 공동체들이 개인적이든, 집단적이든(즉, 전쟁) 일체의 살인을 금지했으며, 기독교인이 군인이 되는 것을 결코 허락하지 않았다고 보았다. 기독교 역사의 첫 4세기 동안 유지된 이 전통이 파괴된 것은 5세기 콘스탄티누스 황제가 로마 군단의 깃발에 십자가를 새겨 넣으면서부터 시작되어 십자군 전쟁에서 절정에 이른다. 톨스토이는 십자군 전쟁을 '기독교의 이름으로 자행된 가장 끔찍한 범죄이자 세상의 조롱거리'라고 말했다.[14]

실제로 톨스토이는 양심적 병역 거부자를 돕는 일에도 발 벗고 나섰다. 당시 러시아에는 신앙에 따라 병역을 거부하는 크고 작은 종교 분파들이 존재했다. 그중 가장 유명한 것이 두호보르 종파духоборы다. 아이러니하게도 '영혼의 전사戰士'라는 뜻을 가진 이 종파는 살인, 전쟁을 엄격히 금지했다. 이 종파는 주로 카프카즈산맥 부근에 모여 살았는데, 1887년부터 이 지역에도 국민개병제가 적용되면서 두호보르 교도들의 저항이 시작되었다. 1895년 6월 수천 명의 교도들이 무기를 모아 태우며 항의 시위를 벌였다. 이 시위 및 병역 거부로 두호보르 교도들은 정부로부터 혹독한 탄압을 받았다.

톨스토이는 이들의 행동을 적극 지지했고, 비서 체르트코프의 도움을 받아 그 사정을 러시아 사회는 물론 유럽에 널리 알리기 위해 애썼다. 1895년 10월 톨스토이는 〈런던타임스〉에 「러시아의 기독교인 박해」라는 글을 기고해, 러시아 정부의 두호보르 탄압을 로마의 기독교인 박해에 빗대어 비판했다. 또 그는 박해당하는 교도들이나

1898년 12월 톨스토이의 도움을 받아 슈피리어호를 타고 캐나다로 떠나는 두호보르 교도들. 톨스토이의 장남 세르게이가 동행했다.

굶어 죽을 처지에 놓인 그 가족을 재정적으로 힘껏 도왔다. 당시 러시아는 물론, 유럽 연극무대에서 인기리에 상연되던 그의 희곡 『어둠의 힘』의 공연 수입이 여기 쓰였다. 또 그는 이들을 돕기 위해 집필이 지연되고 있던 『부활』의 완성을 서둘렀다.

　마침내 톨스토이와 해외 퀘이커들의 노력으로 두호보르의 집단이민이 허가되었는데, 이주지가 캐나다로 결정된 데에는 앞서 언급한 크로포트킨의 노력이 크게 작용했다. 1898~1899년 사이 8천 명의 두호보르 교도가 캐나다로 이주할 때, 톨스토이는 『부활』의 원고료로 이주에 필요한 자금 중 절반에 해당하는 1만 7천 불을 충당했다.[15]

톨스토이의 헌신적 노력은 양심적 병역 거부의 의미를 러시아에 널리 알리는 계기가 되었고, 이후 그와 뜻을 같이해 병역을 거부하는 젊은이들이 더욱 많아지게 된다. 1880년대 중반부터 '톨스토이주의'라는 이름으로 러시아에 퍼지기 시작한 신념의 가장 주요한 특징이 바로 병역 거부다. 특히 1919년 러시아가 영국과 덴마크에 이어 세계에서 세 번째로 '종교적 신념에 의한 병역면제법'을 통과시킨 나라가 된 것도 톨스토이의 노력과 무관하지 않다. 레닌의 사망과 스탈린의 집권으로 불과 7년 만에 폐지되기는 했지만, 이 법을 만들어낸 것이 바로 그의 비서 체르트코프였기 때문이다.[16]

톨스토이와 그의 비서 체르트코프(1909).

1883년 톨스토이와 처음 만난 체르트코프는 이후 작가의 인생과 작품에 가장 큰 영향을 미친 사람이 되었다. 27년간 두 사람이 나눈 편지가 각각 1천 통에 가까울 정도로 둘도 없는 '소울 메이트'로 지냈다. 체르트코프는 러시아와 영국에 직접 출판사를 차려 톨스토이 책을 싼값에 보급하거나, 유럽에 소개하기도 했다. 톨스토이 사후에는 막내딸 사샤와 함께 저작권을 관리하고, 전집 출판에도 참여했다.

톨스토이를 사이에 두고 소피야와 경쟁하는 일이 자주 벌어졌는데, 톨스토이에게는 말년의 행복이었던 그가 소피야에게는 불행의 근원이었던 셈이다.

애국심은 전쟁이다

공직 거부, 납세 거부, 병역 거부 등의 저항이 가능하기 위해서 사람들은 먼저 국가가 주입한 각종 기만과 사기에서 벗어나야 한다. 톨스토이는 이 기만을 널리 알리는 것이 자신의 가장 중요한 의무라고 생각했다. 그의 일기에는 '내가 글로 대중에게 봉사하고자 한다면, 나의 의무와 권리는 부자들의 거짓을 폭로하고, 가난한 사람들에게 그 기만을 널리 알리는 것'이라는 다짐을 곳곳에서 발견할 수 있다.

대표적인 기만을 톨스토이는 애국심에서 발견한다. 이와 관련된 톨스토이의 저술 중 가장 중요한 것으로는 「애국심이냐, 평화냐?」(1895), 「애국심과 정부」(1900)를 들 수 있다. 두 논문 모두 그가 받은 편지들이 집필의 동기가 되었다. 전자는 베네수엘라 국경을 두고 영국과 미국 사이에 벌어진 전쟁에 대해 견해를 밝혀달라는 영국 기자의 요청에 답장 형식으로 쓴 것이다. 후자는 한 독일 병사가 자신의 참혹한 전쟁 체험담을 전하며 톨스토이에게 부디 전쟁에 반대하는 좋은 책을 써달라고 부탁한 데 따른 것이다. 전쟁을 비판하는 두 논문 제목에 모두 '애국심'이 들어간다. 톨스토이에게 애국심은 곧 전쟁이기 때문이다.

톨스토이는 기회가 있을 때마다 애국심이 인위적이고, 비이성적이고, 유해한 감정이며, 인류가 겪고 있는 병폐의 상당 부분이 애국심에서 비롯됐다는 사실을 강조해왔다. 물론 사람은 자기가 나고 자란 곳에 각별한 애정을 가질 수 있다. 그건 자연스러운 감정이다. 하지만 여기서도 문제는 국가다.

사람들과 사회, 세계를 나누고 갈라, 그들 사이의 적대로 생존하는 국가는 이 자연스러운 애정을 인위적으로 부추기고, 당위로 강제하고, 증오로 변질시켜 버린다. 그는 애국심을 "자기 국민만 행복하기를 바라는 것"(90:48)이라 정의한다. 따라서 그것은 필연적으로 전쟁으로 귀결될 수밖에 없다. 그는 사람들이 호전적이고 맹목적인 애국심과 참되고 올바른 애국심을 구분해, 자신들의 애국심은 옳고 정당한 듯 주장하거나, 애국심을 부정하는 것에 어떤 음모나 악의가 있는 듯 몰아붙이는 것에 분노했다.

톨스토이는 옳고 정당한 애국심이란 없으며, 모든 애국심은 국가라는 악의 필연적 산물이자 그 동력이라고 말한다. 따라서 이성적 존재인 인간은 가용한 모든 수단을 동원해 애국심을 억누르고 근절해야 한다.

> 국가의 거짓 가르침은 자신을 어떤 민족, 어떤 국가의 사람들과는 하나이고, 다른 민족, 다른 국가의 사람들과는 분리되어 있다고 인정하는 데 있다. 이 끔찍한 거짓 가르침 탓에 사람들은 서로를, 그리고 스스로를 괴롭히고, 죽이고, 강탈한다. 사람은 자신 속에 있는 삶의 정신적 근원이 모든 사람들에게 있는 것과 똑같다는 것을 인정할 때에만 이 거짓 가르침에서 자유로워진다. 그 근원을 인정하면 사람은 신이 결합해놓은 것을 갈라놓는 인간의 이 제도를 더 이상 믿을 수 없다. (『국가라는 미신』, 7)[17]

톨스토이는 제국주의의 기본 동력 역시 바로 이 애국심에 있음을 역설한다. 또, 강대국의 침략과 병합으로 고통을 받은 약소국이나 소수민족까지 애국심이라는 전염

병에 감염되어 자신을 억압했던 자의 소행을 똑같이 되풀이한다는 점에 개탄을 금치 못했다. 자신과 다른 국민이나 민족에 대한 유린과 학살을 정당화하는 애국심과 애국주의는 기독교적 형제애에 가장 대척하는 감정이고 논리다. 톨스토이는 애국심에서 벗어나 사해동포 간의 형제애를 회복할 것을 거듭 촉구한다.

고난으로부터의 구원은 애국심이라는 낡아빠진 개념과 애국심에 의존하는 국가에 대한 복종에서 당신 스스로를 해방시킬 때, 그리고 당신이 보다 높은 개념, 즉 민족 간의 형제애적 결합이라는 개념의 영역으로 대담하게 들어설 때 이루어질 수 있다는 것을 알라. 민족 간의 형제애는 오래전부터 우리 주위에 뿌리내려 사방에서 당신의 각성을 요구하고 있다. 사람들이 자신이 어떤 국가나 조국의 자식이 아니라, 하느님의 자식이라는 것을 알고, 따라서 누구의 노예나 적이 될 수 없다는 것을 알 때, 정부라고 불리는 터무니없고, 무엇에도 쓸데없고, 치명적인 구시대의 제도와, 여기서 비롯된 고난, 폭력, 굴욕, 범죄는 모두 사라질 것이다. (「애국심과 정부」, 80)[18]

파문을 불러온 파격적인 종교관에, (본인은 부정하지만) 어떤 아나키스트보다 더 아나키스트적인 국가 부정에, 그런데도 새로운 시대적 운명으로 환호되던 혁명은 단호히 거부하는 데다, 이렇게 무차별적이고 신랄한 애국심 비판까지 더해지자, 톨스토이가 드디어 노망난 게 아니냐는 말까지 나돌았다.

지금이야 탈국가, 탈민족 담론이 더 이상 낯설지 않을 뿐더러, 국경을 넘나드는 자본, 노동, 정보의 이동으로 담론의 확실한 물적 토대도 존재한다. 하지만 당시는 정치적, 경제적, 이념적 정체성이 오로지 국민국가라는 축을 중심으로 구성되던 시대다. 그런 조건 속에서 탈국가, 탈민족, 탈애국의 원칙은 상상이나 이상으로서만 가능하다. 따라서 당대 러시아 사회, 그리고 세계적 추세에 비추어 볼 때, 또 톨스토이의 거대한 영향력과 명성을 감안할 때, 그의 파격은 도를 넘어서는 것이었다. 더구나 이 모든 파격이 한 사람 안에서 가능하다니, 이런 비애국적 궤변이 『전쟁과 평화』의 작가 톨스토이에게서 나오다니.

『전쟁과 평화』는 제목이 연상시키는 것과 달리, 결코 반전 소설이 아니다. 물론 전쟁의 무의미, 부조리함에 대한 통찰이 존재하기는 하지만, 소설의 주된 메시지는 나

폴레옹의 침략에 대항해 싸운 러시아 민중의 힘과 그 애
국심의 승리에 있다. 나치에 맞선 대조국전쟁(제2차 세계대
전) 시기 스탈린의 특명으로 『전쟁과 평화』 발췌본이 널리
보급된 것도 소설의 애국주의적 성격 때문에 가능했다.
많은 구체제 작가들의 책이 반동적 부르주아 이념을 전파
한다는 이유로 금서가 되었던 소련 시기, 톨스토이의 경
우는 국가 공식 출판사에 의한 선집 출판이 5회, 총 출판
부수가 6천만 권을 넘어선 것도 같은 맥락에서 해석될 수
있다. 실제로 톨스토이의 기념비적인 90권짜리 전집 출판
이 완료된 것도 소련 시기, 즉 흐루쇼프 시대다.[19]

  참회 이전 톨스토이는 열렬한 애국자였고, 실제 군에
자원입대해 카프카즈 전투, 크림전쟁에 직접 참여한 경험
도 있다. 청년 톨스토이는 "전쟁만큼 나를 흥분시키는 것

스탈린 시기 발행된 톨스토이 우표 시리즈(1935)

은 없다"고 말했고, 이런 관심은 당시 작품에 여실히 반영되어 있다. 실제 톨스토이가 발표한 최초의 단편소설 제목이 「습격: 어느 자원병 이야기」(1852)고, 최초로 출판된 책의 제목이 『백작 톨스토이의 전쟁 이야기』(1856)다.

20대의 혈기 왕성한 톨스토이가 장교로 군에 복무하던 중 크림전쟁(1853~1856)이 터졌다. 크림전쟁은 러시아가 크림반도와 흑해 진출권을 두고 영국-프랑스-오스만 제국 연합군과 싸운 전쟁으로, 나이팅게일의 활약으로도 유명하다. 연합군이 크림반도의 세바스토폴 요새를 포위 공격해 러시아가 절체절명의 위기에 놓인 바로 그 기간, 톨스토이도 거기 있었다. 그는 세바스토폴 방어전에 참여했을 뿐 아니라, 세바스토폴의 처참한 상황, 도시를 지키려는 러시아 병사의 애국심을 르포 형식의 연작 소설로 본토에 전달했다.

「세바스토폴 이야기」라 불린 3부작은 크림전쟁의 귀추에 온통 촉각을 곤두세우고 있던 러시아 전역에 큰 반향을 불러일으켰다. 소설을 읽고 크게 감동한 알렉산드르 2세가 '당장 불어로 번역해 러시아 국민의 애국심이 얼마나 대단한지 프랑스인들이 알게 하라', '장교 톨스토이가 부상을 입지 않도록 각별히 보호하라'는 명을 내릴 정

도였다. 전투와 글로 세
바스토폴 전투에 기여한
공로로 그는 나중에 1개
의 국가훈장과 4개의 메
달을 받았다.[20]

크림전쟁 참전 당시 장교 톨스토이
(1854, 26세)

물론 톨스토이가 전
하는 어떤 전쟁 이야기
도 호들갑스러운 영웅주
의나 전쟁 미화와는 거
리가 멀다. 위대한 사실
주의자답게 그는 전쟁의 빛나는 영광보다는 피와 고통과
죽음이 난무하는 객관적 실상을 전했다. 또 초기 작품일
지라도 그 속에는 후일 그의 절대평화주의와 반전사상의
씨앗이 될 만한 어떤 각성, 즉 '이 모든 잔혹한 싸움이 얼
마나 무의미한가'와 같은 근본적인 회의가 담겨있다. 그럼
에도 「세바스토폴 이야기」 속의 톨스토이는 아직은 피 끓
는 '애국청년'이다. 그는 이야기의 마지막을 다음과 같이
맺고 있다.

이렇게 해서 당신은 세바스토폴의 수호자들을 바로 그 수

호의 장소에서 보았다. … 중요한 것은 당신이 얻게 된 위안이 되는 확신이다. 세바스토폴은 함락되지 않을 거라는 확신이다. 아니, 단순히 세바스토폴이 아니라 러시아 국민이 있는 곳이라면 그 어느 곳이든 굴복하지 않을 거라는 확신이다. … 그들은 도시를 위해서가 아니라 조국을 위해서 죽음을 각오했던 것이다. 세바스토폴의 이 서사시는 러시아에 오래오래 위대한 족적을 남길 것이고, 그 서사시의 주인공은 바로 러시아 국민이다. … (「세바스토폴 이야기: 12월의 세바스토폴」, 72~73)

1854년 세바스토폴의 톨스토이는 그로부터 정확히 50년 후 러일전쟁의 톨스토이와 극적인 대비를 이룬다. 이제 그는 러시아인도 일본인도 아닌, 고통받는 사해동포 모두를 위해 그 어떤 전쟁도 반대한다. 그의 반국가, 반애국, 반전사상은 러시아를 넘어 세계로 지평을 확대한다. 이는 '인류 최초의 국제평화회의'로 기념되는 헤이그 만국평화회의(1차 1899년; 2차 1907년)에 대한 톨스토이의 일관된 반대에서도 찾아볼 수 있다.

3장

톨스토이와 세계평화

헤이그 평화회의: 국가평화주의를 거부하라!

잘 알려져 있듯이 헤이그 만국평화회의는 당시 러시아 차르였던 니콜라이 2세의 주도로 이루어졌다. 니콜라이 2세는 지난 20여 년간 지속된 군비 경쟁이 문명의 발전을 지체하고 인류의 엄청난 고통을 초래했기에, 평화에 대한 합의를 이끌어낼 국제평화회의의 소집이 시급하다고 호소했다.

평화회의의 주요 의제는 군비 축소 및 전쟁에 대한 국제법적 기초 마련, 그리고 국제중재재판소의 설치 등이었다. 차르의 진의에 대해 많은 불신과 의혹이 제기된 것은 사실이지만, 국내외 여론은 대체로 호의적이었다. 그 결과, 1899년 5월 1차 회의가 영국, 프랑스, 독일, 미국, 중국, 일본 등 전 세계 26개국에서 파견된 109명의 대표가

참가한 가운데 성황리에 개최되었다.[1]

하지만 톨스토이는 차르의 제안이 시작된 바로 그 순간부터 마지막까지 철저하게 이 회의에 반대했다. 당시 톨스토이는 평화주의자로 세계적 명성을 얻은 터라 미국, 프랑스, 스웨덴 등 여러 나라 언론에서 평화회의에 대한 그의 의견을 물어왔다. 특히 스웨덴의 평화주의자들은 양심적 병역 거부자 문제가 이 회의에서 논의될 수 있도록 힘을 써달라고 톨스토이에게 간청하는 편지를 보냈다.

톨스토이는 언론 인터뷰, 편지에 대한 답장, 이를 종합한 별도의 논문을 통해 자신의 입장을 명확히 밝힌다. 「스웨덴인들에게 보내는 편지: 평화회의에 대하여」(1899), 「헤이그 회의: 스웨덴 사회와 톨스토이의 의견 교환」(1899) 등이 이에 해당한다. 한마디로 톨스토이에게 이 평화회의는 "기독교적 위선의 혐오스러운 발현"(72:117)이고, "어리석거나 장난이거나 기만이거나 또는 그 모든 것"(90:434)에 다름 아니다.

톨스토이의 험악한 비판의 가장 큰 근거는 그것이 '국가' 주도의 평화회의라는 점에 있다.

군비 확대와 전쟁이라는 끔찍한 해악이 계속되는 상황에

서 사람들을 구하고자 한다면, 회의나 회담, 조약이나 중재재판소를 요구할 게 아니라, 정부라고 불리는 폭력·기구를 없애야 한다. 인류의 커다란 해악은 여기서 비롯되었다. (「애국심과 정부」, 69)

그의 논리는 단순하고 명확하다. 국가가 있는 곳에 군대가 있고, 군대가 있는 곳에 국가가 있는데, 국가가 어떻게 군대를 없앨 수 있단 말인가. 없애진 못해도 현재 수준으로 동결시키거나 축소시키겠다고 하는데, 과연 이웃 나라보다 무장의 수준이 낮은 나라가 거기 동의하겠는가. 또 동결이든 축소든 국가 간 상호신뢰가 있어야 가능한데, 만약 그런 상호신뢰가 있다면 최소한으로의 축소, 즉 철폐는 왜 안 되는가. 철폐가 불가능하다면, 결국 동결이나 축소 모두 불가능하다는 것이 톨스토이의 논리고, 그것이 불가능한 이유는 군대가 국가의 존립 근거이기 때문이다. 뭐든 해치워 버리는 국가가 유일하게 할 수 없는 일이 바로 군대를 없애는 일이다.

평화회의에 파견된 외교관이야말로 누구보다 이 사실을 잘 알고 있다. 그런데도 '우스꽝스러운 옷을 화려하게 차려입고 모여 앉아 먹고 마시며 평화를 위해 진심으로

걱정되는 양 꾸며대는 모습'은 혐오스럽기 그지없다. 평화
회의는 마치 국가가 이 문제를 해결할 수 있는 듯한 환상
을 심어줌으로써, 오히려 문제의 해결을 원천적으로 봉쇄
할 뿐이다.[2]

톨스토이는 중재재판소에 대해서도 몹시 회의적이었
다. 분쟁이 민중의 대표가 아닌 정부의 대표에 의해 중재
된다는 점, 따라서 그 결정의 정당성을 결코 보장할 수 없
다는 점은 차치하고라도, 누가 어떤 방법으로 그 결정을
집행하는가의 문제는 여전히 남는다. 더구나 만일 강대국
에 불리한 결정이라면, 그걸 감히 누가 어떻게 집행하겠
는가.

중재재판소에 대한 톨스토이의 불신은 베르타 폰 주트
너Bertha von Sutter와의 일화를 통해서도 드러난다. 주트너는
국제중재재판소 설립을 추진하고, 런던, 로마 등에서 열
린 국제평화콩그레스를 적극적으로 주도하고, 국제평화
국 의장을 맡는 등, 평화운동의 국제적 조직화를 위해 헌
신한 인물이다. 『무기를 내려놓자!Die Waffen nieder!』라는 반
전 소설로도 유명한 그녀는 노벨평화상을 받은 최초의 여
성이기도 하다.

1891년 주트너는 톨스토이에게 편지를 보내 그가 국

제평화운동에 지지를 표명해준다면 헤아릴 수 없이 많은 지지자를 얻을 수 있을 거라고 부탁한다. 톨스토이는 주트너의 소설에 경의를 표하고, 그녀가 이끌고 있는 여러 평화운동이 유익한 결실을 거두길 바란다고 격려한다. 하지만 중재재판소에 대해서는 그것이 전쟁 근절을 위한 유효한 수단이 되리라 믿지 않는다고 딱 잘라 말했다.[3]

또 스웨덴 평화주의자들이 양심적 병역 거부자의 처벌 완화 문제가 평화회의에 안건으로 상정되도록 애써 달라고 부탁한 데 대해서도 톨스토이는 그것이 한갓 미망일 뿐임을 경고한다. 차르가 전 세계에 평화를 호소하면서도 등 뒤로는 러시아에서 가장 평화로운 사람들을 고문하고 박해하고 추방했다는 사실을 기억하라는 것이다. 그들이 평화를 말뿐만이 아니라 행동으로 실천했다는 이유로, 즉 살인 도구가 되지 않기 위해 군대에 가기를 거부했다는 이유로 말이다. (헤이그 평화회의가 개최된 해는 톨스토이가 물심양면으로 도왔던 양심적 병역 거부자들이 캐나다로 이주한 때이기도 하다.)

차르의 기만은 헤이그 평화회의의 위선을 그대로 드러내 준다. 국가는 급진적 자유주의자, 노동자 연합, 사회주의자까지 모두 포용할 수 있어도, 자신의 뿌리를 타격하는 납세 거부, 병역 거부는 절대로 수용할 수 없다. 따라서 평화회의는 양심적 병역 거부 문제를 절대로 해결할 수 없다.

톨스토이는 병역 거부자의 처벌 수위를 두고 타협할 것이 아니라, 병역 거부를 전면화하는 것이야말로 군대를 없애는 유일한 방법임을 역설한다. 즉 평화회의라는 국가 평화주의에 의해서가 아니라, 병역 거부라는 개인의 평화 행동을 통해서만이 군비 철폐와 전쟁 근절이 비로소 가능하다는 것이다. 그러한 인식이 사회적으로 널리 퍼져 군대에 간 사람이 오히려 경멸받고, 무시당하고 욕먹던 병역 거부자들이 인류 최고의 평화의 챔피언으로 인정될 때 인류 역사의 새로운 시대가 열릴 것이라고 톨스토이는 말한다.[4]

국가 간 협약이나 국제법적 수단을 중요시한 당시 국제평화운동에 대해 톨스토이가 품은 불신은 그가 '파시피즘pacifism(평화주의)'이라는 개념을 한 번도 사용하지 않았던 데서도 잘 드러난다. 이 개념은 1901년 영국 글래스고에서 열린 제10차 국제평화콩그레스 이후 국제평화운동가들 사이에서 널리 쓰이기 시작했다. 여러 정황상 톨스토이도 분명 이 개념을 알고 있었을 것이다. 하지만 그는 유사한 내용을 지칭할 때도 러시아어로 '평화창조'에 해당하는 '미로트보르체스트보mirotvorchestvo'란 단어를 고집할 뿐, '파시피즘'이란 단어는 사용하지 않았다.

한편, 국제평화주의자들 역시 톨스토이의 지나치게 원칙적인 입장에 대부분 공감하지 못했다. 그래도 평화의 아이콘으로서 톨스토이의 명성이 워낙 높았기에 1910년 스톡홀름에서 열릴 예정이었던 제18차 국제평화콩그레스에 톨스토이를 초청하긴 했다. 톨스토이는 참석 대신 연설문을 보냈고, 주최 측은 이를 낭독하지 않기로 결정했다. 그 연설문이 어떤 내용으로 채워졌을지는 충분히 짐작할 수 있다.[5]

국제평화기구나 국제법의 한계에 대한 톨스토이의 비판은 지나치게 근본주의적인 측면은 있으나, 원칙적으로는 옳다. 국제기구나 국제법이 보편적 평화라는 이름으로 강대국의 논리와 이해를 대변해온 것은 어제오늘 일이 아니다. 1907년 고종이 을사늑약의 불법성과 강압성을 세계에 알리기 위해 이상설, 이준, 이위종을 특사로 파견한 곳이 바로 제2차 헤이그 평화회의였다. 일본의 방해와 서구 열강의 방관으로 3인의 특사는 발언은커녕 회의장 문턱도 넘지 못했다. 또 독도 분쟁부터 한반도 분단에 이르기까지 현재의 많은 분쟁이 얄타협정, 샌프란시스코 강화조약 같은 국제협약이나 평화조약에 뿌리를 두고 있다.

만일 톨스토이가 국제연맹이나 국제연합이 창설될 때까지 살아있었다면, 만악의 근원인 국가로도 모자라 폭력의 연합체까지 결성하려 하느냐며 펄펄 뛰었을 것이다. 실제로 헤이그 회의는 불과 세 달 후 터진 영국-트란스발공화국(현 남아프리카공화국) 사이의 보어전쟁, 그리고 러일전쟁의 발발을 결코 막지 못했다.

톨스토이는 평화회의를 소집한 자와 일본과의 전쟁을 개시한 자가 모두 니콜라이 2세라는 점, 이처럼 차르에게는 평화의 호소와 전쟁의 독려가 양립할 수 있다는 사실에 분노했다. 그럼에도 러일전쟁 후 개최된 제2차 헤이그 평화회의가 44개국 265명 참여로 1차에 비해 규모가 거의 두 배로 커진 것을 보면서 그 끝없는 정치적 위선에 절망한다. 국제평화회의 반대와 러일전쟁 반대라는, 표제만으로는 얼핏 모순되어 보이는 두 행보는 톨스토이 속에서 이렇게 한 몸을 이루는 것이다.

제2차 헤이그 평화회의 공식 신문에 실린 대한제
국 특사 3인의 사진과 선언문(《Courrier de la
conférence de la paix》, 1907.7.5.)

러일전쟁: 「회개하라!」

1904년 2월 8일 뤼순항의 러시아 함대에 대한 일본의 기습 공격으로 개시되어, 1905년 9월 5일 미국 루스벨트 대통령이 주선한 포츠머스 강화조약으로 마무리된 러일전쟁은 러시아와 일본, 두 나라뿐 아니라 세계의 운명에 엄청난 영향을 미쳤다.

러일전쟁의 패배가 1905년 제1차 러시아혁명을 촉발한 가장 중요한 배경 중 하나라는 것은 주지의 사실이다. 일본은 이 전쟁에서 승리해 조선에 대한 우월적 지배권을 인정받고, 만주 진출의 교두보를 확보한다. 이로써 동아시아 패권 질서가 질적으로 변화했다. 또, '20세기 최초의 세계 전쟁'이라는 별칭에서 알 수 있듯이, 영국-미국-일본 대 러시아-프랑스 간 제국주의 전쟁의 성격을 띤 이 전쟁은 향후 제1차 세계대전을 예비하는 세력 구도 재편으로 이어진다.

전쟁이 터지자 톨스토이에게 세계 각지로부터 질문이 쇄도한다. 톨스토이의 반국가, 반애국주의를 익히 알고 있던 사람들은 과연 그가 자기 조국의 전쟁에 대해서는 어떤 입장을 취할지 궁금함을 감추지 못했다. 특히 상대가 여느 유럽 국가가 아닌, '노란 원숭이'라 불리는 아시아의 섬나라라는 사실은 사람들의 호기심을 더욱 부채질했다. 어떤 이는 노골적인 조롱을 담아, 어떤 이는 진심으로 걱정하며 톨스토이의 심정과 견해를 물었다. 프랑스 〈피가로〉지는 러시아로 기자를 급파해 톨스토이의 영지에서 인터뷰를 진행한 후, 이를 2주간 장기 연재 기사로 싣고 책으로 출판했다.

톨스토이는 전쟁 발발 소식에 비통함을 금치 못했다. 그는 프랑스에서 제작된 만주와 한반도 지도를 방에 걸어 두고, 극동의 전황에 촉각을 곤두세우며 전쟁의 추이를 예의 주시했다. 1904년 5월 8일 자신의 견해를 「회개하라!」라는 제목의 논문으로 완성한 톨스토이는 그해 6월 27일 같은 제목의 글을 〈런던타임스〉에 싣는다. 이 글은 미국, 프랑스, 독일 등 각국의 언론에 소개되어 세계적으

영국에서 출판된 「회개하라!」(1904). 러일전쟁에 대한 통렬한 비판을 담고
있다. 러시아에서는 1906년에 처음 출판되었다.

로 큰 반향을 불러일으켰다. 적국인 일본의 거의 모든 일
간지에도 보도된 이 글은 정작 러시아에서는 전쟁 기간
동안 발표되지 못하고, 1906년이 되어서야 출판된다.

「회개하라!」는 "또다시 전쟁이다. 누구에게도 필요 없
고, 누구도 원치 않는 고통이, 거짓이 다시 시작되었다"는
격정적인 문구로 시작된다.[6] 톨스토이에게 이 전쟁은 무
엇보다 헤이그 평화회의의 무용성을 입증하는 것이다. 그

럼에도 차르 정부는 평화회의와 러일전쟁이 모순되지 않으며, 평화를 위한 러시아의 노력에도 야만적 도발을 감행한 일본엔 전쟁밖에 답이 없다고 강변한다. 톨스토이는 크게 분노했다. 그는 러시아와 일본 중 어느 편을 지지하느냐는 물음에 다음과 같이 답한다.

> 나는 러시아의 편도, 일본의 편도 아닌, 두 나라 정부에 속아, 양심과 종교, 자신의 행복에 반해 싸우라고 강요당하는 두 나라의 노동하는 대중의 편이다.[7]

톨스토이는 이 전쟁의 본질을 살생을 금지하는 불교도와 형제 사랑을 율법으로 삼는 기독교도 간의 싸움으로 보았다. 따라서 전쟁의 원인은 신앙의 본질을 잃은 데 있다. 이 가엾은 사람들은 수백 년간 권력이 자행한 학대와 기만으로 인류 동포끼리의 살육이라는 최고의 죄악을 덕행으로 판단하게 된 것이다.

따라서 전쟁을 끝내는 유일한 방법은 국가 간의 외교적 수단이 아니라, 각 개인의 양심에 호소하고 각성을 일으켜 신앙을 회복하는 것뿐이다. 톨스토이가 군비 철폐의 유일한 방법이 개인의 병역 거부에 있음을 주장한 것처럼, 이 전쟁을 끝내는 유일한 방법도 각자 사랑의 법칙, '자신이 바라지 않는 일을 남에게도 하지 말라'는 기독교의 황금률을 회복하는 것뿐이다. '회개하라'는 예수의 외침은 이를 향한 첫걸음이다.

톨스토이는 말한다. 잠시라도 하던 일을 멈추고 자신을 깊이 돌아보라. 그럼 뤼순이 러시아의 것인지, 일본의 것인지, 중국의 것인지, 조선 진남포의 목재가 누구의 것인지 그게 다 무슨 소용이란 말인가. 회개하라, 그리하여 다음과 같이 말하라.

> 그대, 자비를 모르고 신을 모르는 러시아 차르와 일본 천황이여, 장관, 대주교, 수도원장, 장군, 기자, 투기꾼, 그 외에 어떻게 불리는 사람이든, 그대들 스스로 저 포탄과 총탄 아래 서보라. … 이 전쟁을 일으킨 자들이여. 이 전쟁이 필요한 자, 그렇게 강변하는 모든 사람들이여. 그대들이 가서 일본의 포탄과 지뢰 아래 서라. 우리는 이 전쟁이 필요 없고, 우리는 이 전쟁이 왜, 누구에게 필요한지 이해할 수 없기에 우리는 가지 않는다. (「회개하라!」, 36:143)

특히 당시 러시아나 유럽에서는 러일전쟁을 인종 간의

전쟁으로 받아들이는 경우가 많았다. 톨스토이의 심층 인터뷰를 진행한 〈피가로〉지 부르동G. Burdon 기자의 첫 질문도 '이 전쟁은 단순한 전쟁이 아니라 두 인종 간의 전쟁이다. 이에 대해 어떻게 생각하느냐'는 것이었다. 전형적인 백인우월주의자인 부르동은 일본인을 잔인한 야만인으로 규정하고, 러일전쟁에서 일본이 승리하면 극동이 발흥하게 될 것이고, 이는 세계평화와 문명의 진보를 위협하게 될 거라고 말한다.

이에 대해 톨스토이는 일본인이 유럽의 결점만을 따라 하고 있는 건 사실이지만, 아시아 문명이 유럽보다 못하다 할 근거는 없다고 답한다. 오히려 공자나 부처만 봐도 아시아 철학이 감탄할 만하다는 걸 쉬이 알 수 있지 않느냐는 입장이었다. 그는 자신은 백인도, 황인도 아닌 인간의 편이라고 말한다.[8]

그럼에도 이 인터뷰에서 톨스토이는 자신이 애국심이라는 감정에서 완전히 자유롭지 못함을 솔직히 고백한다. 실제로 1904년 12월 20일 뤼순항이 일본군에 함락되었다는 소식을 들은 톨스토이는 깊은 슬픔과 아픔을 느낀다. 그래도 그는 신의 법칙에 대한 명료한 자각, 살인을 결코 허용해서는 안 된다는 이성적 노력으로 이 어리석은 감정을 이겨내려 노력하고 있다고 일기에 쓰고 있다.[9] 하지만 톨스토이가 이런 자기모순을 완전히 극복했다고 보기는 힘들다. 감정은 이론보다 질기고 강한 법이다.

1905년, 졸전과 패전을 거듭하다 결국 러시아가 러일 전쟁에서 패배했을 때 톨스토이는 그 원인을 규명하려 애쓴다. 그의 결론은 아무리 나쁜 기독교인이라도 기독교와 전쟁은 양립 불가능하며, 따라서 기독교인이 비기독교인에게 지는 것은 당연하다는 것이었다. 전쟁으로 인한 수치와 모욕은 일본에 져서가 아니라, 잘할 수도 없고, 그 자체로 나쁜 일을 하겠다고 달려든 데 있다고 그는 말한다.[10]

톨스토이의 이런 논리는 기독교만이 아니라 유교, 불교, 도교, 힌두교 등 모든 진실한 종교는 이웃 사랑이라는 기본적인 원리를 공유한다는 자신의 종교관에 대치된다. 또 무의식적인 차원일지라도 기독교에 바탕한 서양을 비기독교 문명인 동양보다 도덕적인 우위에 두는 것으로, 이는 스스로 표명한 반인종주의에도 모순될 수 있다.

나라 밖에서는 전쟁이 패배로 치닫고, 나라 안에서는 혁명의 분위기가 고조되던 1905년의 러시아는 '피의 일요일' 사건, 전함 포촘킨의 수병 반란, 전국적 총파업 등으로

한 치 앞을 내다보기 힘든 소용돌이에 빠져 있었다. 이런 혼란 속에서 톨스토이는 위대한 혁명의 도래를 예감한다. 물론 이때의 혁명은 사회주의 혁명이 아니라, 톨스토이가 추구하는 도덕적인 혁명을 말한다. 톨스토이는 당시 나타나던 1차 러시아혁명의 징후를 이 위대한 혁명의 전조로 간주하며, 같은 해 「세기의 끝」(1905)이라는 논문에서 다음과 같은 주장을 한다.

> 무분별하고 파괴적인 무기와 전쟁, 토지에 대한 보편적 권리의 박탈. 내 생각에는 이런 것들이 바로 기독교 세계 전역에서 일어날 혁명의 원인이다. 그리고 이 혁명은 다른 곳이 아닌 러시아에서 시작되고 있다. 러시아에서만큼 기독교적 세계관이 강력하고 순수한 형태로 보존되어 있는 나라는 달리 없으며, 러시아 말고 국민의 대다수가 농경 생활을 유지하고 있는 나라 역시 없기 때문이다.[11]

톨스토이가 위대한 혁명의 장소로 러시아를, 그 주체로 러시아인을 특정한 것은 어떤 우월감이나 선민의식 때문은 아니다. 실제로 이미 러시아에는 혁명이 일어나고 있었다. 톨스토이가 그것을 자신이 추구하는 도덕적 혁명의 전조로 본 것은 결과적으로 명백한 오판이다. 하지만 당시 그 혁명이 어떤 끝을 보일지는 누구도 예측할 수 없었다. 오히려 톨스토이가 러시아를 혁명의 주체로 본 이유는 그 우월성이 아니라 낙후성에 있었다. 그렇다고 낙후되어 현실이 열악하므로 혁명이 일어날 수밖에 없다는 식의 논리는 아니다. 그보다는 문명에 오염되지 않았기에 정신적으로는 문명의 폭력에서 누구보다 자유로울 수 있다는 논리에 가깝다.

톨스토이는 사회주의자와 달리 미래의 가능성을 도시노동조합이 아닌 농촌공동체에서 보았다. 도시노동자의 비참한 현실 역시 농촌공동체가 파괴되었기 때문이다. 따라서 유럽만큼 자본주의가 발전하지 못해 아직 인구의 90%가 농업에 종사하는 러시아에는 그만큼 더 큰 구원의 가능성이 있는 셈이다.

한편, 러시아에 기독교가 보다 순수한 형태로 보존되어 있다는 톨스토이의 주장도 러시아인 특유의 권력에 대한 태도를 염두에 둔 것이다. 전통적으로 러시아 민중은 권력을 피해야 할 악으로 여겨왔고, 폭력에 동참하기보다 폭력을 인내하는 게 낫다는 생각을 품어왔다. 왜 러시아에 전제정의 전통이 그렇게 길고 강한지, 톨스토이의 표현에 따르면 '이반 뇌제부터 니콜라이 2세까지 더없이 잔인하고 정신 나간 독재자'들에게 왜 러시아 국민이 그렇게 순종했는지, 그 이유를 여기서 찾을 수 있다.[12]

사실 거의 기행에 가까울 정도의 고행을 자발적으로 택하고 감내하는 러시아인의 특성에 대해서는 톨스토이 외 많은 학자들도 지적한 바 있다. 이렇게 악에 동참하지 않고, 악을 악으로 갚지 않는 러시아 민중은 폭력에 의지하지 않고 폭력의 구조를 철폐할 위대한 혁명의 적임자인 셈이다.

이런 주장이 톨스토이의 조국이 러시아고, 톨스토이가 러시아인이라는 사실로부터 완전히 자유로울 수 있을지 다소 의문스럽긴 하다. '모스크바 제3로마설'*부터 '유라시아주의'**까지 유구히 이어져 내려오는 러시아 특유의 메시아주의, 즉 오직 러시아만이 세계와 인류를 구원할 수 있다는, 때로 거의 과대망상으로까지 치닫는 소명 의식을 감안하면 더욱 그렇다. 물론 이런 모순들로 그의 평

● 모스크바가 로마(제1의 로마), 비잔틴(제2의 로마)을 계승하는 '제3의 로마'라는 주장이다. 즉, 비잔틴의 몰락 이후 기독교의 정치적, 종교적 중심이 러시아로 이동했고, 향후 기독교 문명의 미래가 러시아에 달려 있음을 말한다. 러시아 메시아주의의 원류에 해당한다.

화주의를 관통하는 본질이 반국가, 탈애국이라는 사실이
뒤집힐 일은 없겠지만 말이다.

●● 러시아 문명의 특성을 유럽과 아시아를 아우르는 유라시아성에서 찾는
이념적 조류로, 20세기 초 유럽의 망명 러시아 지식인들이 창안한 '고
전적 유라시아주의'로부터 시작되었다. 소련 시기에는 레프 구밀료프에
의해, 소련 해체 후에는 알렉산드르 두긴 등의 '신유라시아주의'로 계승
되었다. 푸틴의 '유라시아연합' 구상도 '실용적 유라시아주의'로 분류된
다. 공히 유라시아 공간 내 다민족 공동체, 초국가 통합체의 건설을 주
장하는바, 러시아(소련) 제국의 부활이나 패권을 정당화하는 '변형된 제
국주의'로 비판되기도 한다.

4장

二三二十十十十十十十二

The Last Station
: 위대한 고통의 인간

톨스토이는 평생 자기모순을 경계했다. 그는 자신의 이론과 실천, 사상과 행동이 일치하도록 누구보다 애썼다. 언행일치는 그가 평생 추구한 도덕적 자기완성의 주요한 덕목 중 하나다. 그토록 준엄하고 가혹하게 차르, 성직자, 장관, 장군, 경찰, 학자, 언론인, 자본가 등 거의 모든 이들의 위선과 거짓을 비판했으니 어쩌면 당연한 일인지도 모르겠다.

이미 살펴보았듯이, 악의 실행자들에 대한 그의 증오, 그들과의 싸움에서 드러난 그의 의지는 너무나 전투적이어서, 톨스토이의 평화는 "증오를 증오하고, 경멸을 경멸하고, 전쟁과 전쟁하는" 역설 속에서만 가능하다며 냉소하는 사람도 드물지 않았다. 로맹 롤랑R. Rolland은 톨스토이의 생애를 다룬 유명한 전기에서 타고르R. Tagore를 인용해 "톨스토이의 모든 것은 심지어 그의 비폭력 원칙조차 폭력적이다"라고 한 바 있다.[1]

그런데 톨스토이가 남긴 일기나 편지 속에는 자신의 말과 행동이 너무 가혹하지 않은지, 혹시 다른 사람에게 상처를 주지 않을지 전전긍긍하는 모습이 자주 발견된다. 서슬 퍼런 권력자 차르에게 '잔인하고 정신 나간 독재자'란 직언을 날리고, 정치인은 '강도와 도적 떼', 성직자는 '예수의 피를 빨아먹는 기생충'이라고 독하게 비판한 사람의 행동치고는 좀 의외다. 실제로 톨스토이는 「회개하라!」의 초고를 비서 체르트코프에게 보낸 후, 글 속의 거친 말들이 사람들을 아프게 하고 나쁜 감정을 불러일으킨다면 그냥 버리라고 말하기도 했다. 또 직접 글을 여러 번 수정해가며 어조를 누그러뜨리고, 지나치게 과격한 부분은 삭제하고, 실명을 지우기도 했다.[2]

그가 날린 무수한 독설을 생각하면 어이없긴 하지만, 사실 이런 행동은 악에 대한 자신의 투쟁이 "조건 없이 사랑하라", "원수를 내 몸처럼 아끼라"는, 자신이 그토록 강조한 사랑의 법칙에 모순될 수 있음을 스스로도 느꼈기 때문일 것이다. 앞서 인용한 사람들의 냉소를 톨스토이라고 몰랐겠는가. 또 여기에는 격하고 급하고 뜨거운 자신의 성정에 대해 톨스토이가 평생 가졌던 (죄의식에 가까운) 자의식도 한몫했을 것이다.

톨스토이는 일기를 쓰면서 자신의 글과 행동이 다른 사람에게 상처를 주지는 않을지 걱정하고 신경 썼다.

「회개하라!」가 발표된 후 톨스토이는 한 부인으로부터 편지를 받는다. 부인은 톨스토이의 글이 기독교인에게는 없어야 할 감정, 즉 분노와 비난으로 가득하다는 점을 꾸짖는다. 톨스토이는 즉시 인정한다. 기독교인은 예수처럼 온유해야 하나, 자신은 약한 사람이라 아직 그런 수준에 도달하지 못했다고 그는 답장을 쓴다. 그러면서도 그는 자신의 글이 착하지 않을지는 몰라도, 적어도 진실하다고, 불쌍한 민중이 억지로 전쟁터에 끌려가는 상황에서 분노할 수밖에 없고, 죽었다 깨어나도 똑같은 말을 할 것이라고 말한다.[3]

그에게는 선한 삶이 진리인 것처럼 진실한 삶도 진리이며, 둘은 분리된 개념이 아니다. 사랑의 법칙에 따르는 선한 삶은 그것을 폭력이 가로막고 있다는 진실을 드러내어 그 폭력과 싸울 때 비로소 온전히 구현될 수 있다. 이 진실을 드러낼 때, 즉 국가라는 억압 기구를 고발하고, 자본주의 착취 질서를 고발하고, 전쟁의 부조리함을 고발할 때 톨스토이는 누구보다 가혹하고 격렬하다. 그런 의미에서 "그가 증오를 증오하고 전쟁과 전쟁한다"는 비판은 일면 옳다. 실제로 그는 「두 전쟁」(1898)이라는 글을 통해 두호보르 교도들의 양심적 병역 거부를 '국가의 전쟁'에 대항하는 '신성한 전쟁'이라 일컬은 바 있다.

하지만 톨스토이에게 있어 그런 사회악, 폭력과 싸우는 유일한 방법은 폭력을 쓰지 않는 것뿐이었다. 두호보르 교도가 한 전쟁은 전쟁을 하지 않는 전쟁이었다. 톨스토이가 이 두 번째 전쟁을 "새롭고 자기희생적이며 오로지 사랑과 이성에 기반한 전쟁"이라 한 것은 이 때문이다.[4] 이 전쟁은 폭력을 쓰지 않는다는 이유로 가해지는 폭력을 참아내고, 어떤 고난과 희생이 따르더라도 그 폭력을 감내함으로써 끝내 폭력에 가담하지 않는 그런 싸움이고 전쟁이다. 따라서 이 싸움은 결국 누구보다 자신과의 싸움이다. 톨스토이가 국가 철폐의 길을 개개인의 도덕적 자기완성에 두고, 유일한 혁명을 개개인의 도덕적 혁명이라 한 것은 이런 의미다.

톨스토이주의의 핵심이 '적극적 무저항'이나 '소극적 저항'처럼 형용모순적인 언어로 표현되는 것도 이와 무관하지 않다. 악에 악으로 저항하지 않지만, 악을 절대 용납하지 않기에 '적극적 무저항'인 것이고, 폭력에 결연히 저항하나 결코 폭력을 사용하지 않기에 '소극적 저항'인 것이다. 그가 권하는 유일한 저항은 뭔가를 하는 것이 아니라, 안 하는 것이다. 안 함으로써 가장 위대한 일을 하는 것이다. 비폭력과 사랑, 톨스토이주의의 가장 주요한 두 개념은 그렇게 연결된다.

이런 과정을 통해 톨스토이의 평화주의 속에서 사랑, 형제애, 무저항 같은 개인의 자기 수양적 덕목은 국가 철폐, 착취 질서 근절, 전쟁 반대와 같은 사회개혁적 강령과 긴밀하게 결합된다.

물론 이 결합이 늘 설득력 있게 다가오는 건 아니다. 그의 사랑의 언어와 투쟁의 구호가 뗄 수 없이 결합되어 있음을 이해한다 해도, 성자 톨스토이와 전사 톨스토이가 우리 의식 속에서 자꾸 분리되어 겉도는 것도 사실이다. 그의 신랄한 고발과 가차 없는 투쟁이 절대적 사랑, 조건 없는 형제애와 양립함을 받아들이기 위해서는 우리가 알고 있는 사랑의 외연을 한껏 넓힐 필요가 있다. "러일전쟁을 멈추려면 … 신앙을 회복해야 한다"는 식의 조합은 둘 사이가 너무 멀어 듣는 사람을 순간 아득하게 만든다.

또 뿌리 깊은 제도적 폭력이 그저 거기 가담하지 않는 것으로 소멸될 수 있을까. 사회구조의 개혁이 그저 나쁜 짓을 안 하는 것으로 얻어질 수 있을까. 모두 군인이 되는 걸 거부하면 전쟁이 사라질까. 물론 이론상으로는 맞다. 아무도 폭력에 가담하지 않고, 아무도 나쁜 짓을 안 하고,

아무도 군인이 되지 않으면 착취도, 억압도, 전쟁도 사라질 것이다. 그런데 어떻게 해야 모두 그렇게 한꺼번에 안 할 수 있을까. 참된 신앙에 의한 개인의 도덕적 각성과 사랑을 만능 열쇠로 보는 건 매우 근본주의적이고 이상주의적이다.

이 이상주의는 한편으로는 그의 사상을 너무 나이브하거나 빈약하게 만들고, 다른 한편으로는 너무 과격한 실천을 요구해 만인과 불화하게 만든다. 이상주의, 또는 그 최대주의로 인해 톨스토이는 악의 실행자들과도 비타협적으로 싸웠지만, 동시에 그런 악을 나름의 방식으로 개선하려는 사람들과도 끊임없이 싸웠다. 그는 사적 소유를 부정하고 토지공유화를 주장하면서도 사회주의자와도 싸웠고, 국가와 모든 권력을 부정하면서도 아나키스트와도 싸웠고, 평화 실현을 지상의 목표로 여기면서도 평화주의자들과도 싸웠다. 그는 평생 어떤 조직이나 단체에도 속하지 않고 오직 톨스토이로만 살았다.

톨스토이의 평화 실천이 간디의 경우와 같이 폭넓은 대중운동으로 발전하지 못하고, 위대한 거인의 선구안에 그치고 만 것도 이와 무관하지 않을 것이다. 그는 주변과 조화를 이루고 협력하기보다는, 늘 갈등하고 반목하며 문제를 일으켰고, 그래서 늘 고단하고 힘들어했다.

말년의 톨스토이를 가장 힘들게 한 건 다름 아닌 가족이었다. 톨스토이는 부자들의 사치와 허영을 혐오하고, 농민처럼 검소하고 소박한 삶을 살고자 했다. 사적 소유를 부정했던 그는 스스로 무소유를 실천하고자 했다. 그래서 자신의 영지를 농민에게 넘기고, 저작권은 사회에 환원하고, 그 외의 수입을 빈민과 나누고, 피아노, 가구, 마차 등 쓸데없는 사치품을 팔아버리려 했다.

하지만 그가 세운 '인생 계획'에 아내와 자식들이 결사 반대하고 나섰다. 8명의 자식 중 톨스토이를 진정으로 이

톨스토이의 아들들. 왼쪽부터 세르게이, 일리야, 레프, 안드레이, 미하일 (1914)

해한 것은 큰딸 타티야나와 막내딸 알렉산드라 정도였다. 아들 안드레이는 여자 때문에 아내와 두 아이를 버린 죄책감으로 전쟁에, 그것도 하필 러일전쟁에 자원해 떠나버렸다. 톨스토이의 이름을 물려받은 또 다른 아들 레프는 보란 듯이 전쟁 지지를 선언해 아버지의 속을 시시때때로 뒤집어놓았다.

하지만 누구보다 톨스토이를 고통스럽게 한 것은 아내 소피야였다. 그녀는 교회와 정부를 향한 톨스토이의 도전에 공포를 느끼고, 쓰라는 소설은 안 쓰고 헛짓만 하는 남편을 다그쳤으며, 무소유와 금욕을 향한 그의 노력을 비웃고, 그가 예수를 닮고자 할수록 가족은 불행해질 뿐이라고 비꼬았다. 결국 자신의 뜻을 관철할 수 없었던 톨스토이는 1892년 재산분할증서를 작성해 토지, 저택 등 모든 부동산에 대한 권리를 아내에게 넘긴다.

그 결과, 무소유와 평등을 주장했던 그는 여전히 흰 장갑을 낀 하인이 시중을 드는, 5가지 코스로 이뤄진 식사를 해야 했고, 자신이 빈민굴에서 데려온 고아 소년이 낮 11시까지 널브러져 자는 아들 방에 군불을 때는 것을 지켜봐야 했다. 신문에는 「내 아내의 재산」이란 제목 아래 값비싼 물건이 가득한 방에 앉아 있는 톨스토이를 그린

톨스토이와 부인 소피야 안드레예브나 톨스타야(1910)

풍자만화가 실렸다. 그의 언행 불일치를 질타하거나 조롱하는 편지, 당장 모든 것을 버리고 떠나라는 간청의 편지가 끊이지 않았다.

　그럼에도 소피야는 저작권에 대한 자기 권리를 결코 포기하지 못했다. 소피야를 그저 악처로만 매도할 수는 없다. 아이들에 대한 책임감, 전혀 현실성 없는 남편으로 인한 불안, 특히『전쟁과 평화』를 비롯해 톨스토이의 작품이 완성되는 데 그녀가 한 공헌을 생각해보면, 소피야의 애착이나 권리 주장을 마냥 부정할 수는 없다.

하지만 톨스토이도 저작권 문제만큼은 양보할 수 없었다. 1910년 7월 그는 아내 몰래 들판에서 비밀 유언장을 작성한다. 유언장에는 자신이 쓴 모든 작품의 권리가 딸 알렉산드라(알렉산드라 사후에는 타티야나)에게 있고, 모든 인세 수입을 포기한다는 자신의 뜻을 딸들이 수행할 거라는 내용이 담겼다.

그 후 톨스토이와 소피야의 전쟁은 더욱 격렬해졌다. 소피야는 연못에 몸을 던지고 권총으로 죽겠다고 위협까지 한다. 톨스토이가 아내가 보지 못하게 비밀일기를 따로 썼던 것도 이 기간이다. 그가 장화에 숨겨두고 썼던 비밀일기에는 아내에 대한 증오와 연민 속에 갈팡질팡하며 고통스러워하는 톨스토이의 모습이 생생하게 담겨있다. '불행하다, 역겹다, 불쌍하다, 고통스럽다'는 말이 무수히 반복된다.

결국 1910년 11월 10일(구력 10월 28일)* 새벽, 톨스토이는 아내에게 다음과 같은 편지를 남기고 집을 떠났다.

* 러시아가 현재의 신력(그레고리력)을 사용하게 된 때는 볼셰비키 혁명 후인 1918년부터이며, 톨스토이 생전에는 구력(율리우스력)이 사용되었다. 구력과 신력은 13일 차이가 난다.

그로부터 열흘 후인 11월 20일(구력 11월 7일) 그는 작은 시골 마을 아스타포보 기차역에서 숨을 거둔다.

내가 떠나면 당신은 슬픔에 휩싸이겠지. 미안해요, 하지만 달리 도리가 없었다는 걸 이해하고 믿어주시오. 집에서의 내 상황을 더 이상 견딜 수가 없소. 다른 건 모두 제쳐두고라도, 내가 살아온 그 사치스러운 환경 속에서 더 이상은 살 수가 없소. 보통 내 나이 때 노인들이 고독과 정적 속에 여생을 보내기 위해 속세의 삶을 떠나듯이 나도 그렇게 하는 것이오. 부디 이 점을 이해해주고, 내가 어디 있는지 알게 되더라도 나를 따라오지 마시오. 당신이 그런다 해도 그건 상황을 더 악화시킬 뿐, 내 결심을 바꾸지는 못할게요. 48년간 신실하게 함께 살아줘서 고맙고, 내가 잘못한 것이 있다면 모두 용서해주기 바라오. 설혹 당신이 내게 잘못한 것이 있다 하더라도 내가 다 기꺼이 용서한 것처럼 말이오. 내가 떠난 후 당신이 처하게 될 새로운 환경에 잘 적응하길 바라고, 내게 나쁜 감정을 품지는 말아주시오. 내게 뭔가 알리고 싶다면 사샤에게 전하시오, 그 애는 내가 어디 있는지 알게 될 테니 필요한 걸 전해줄 거요. 하지만 아무에게도 말하지 말라는 다짐을 받아놓았기에 그 애

톨스토이의 임종 후 모습.

가 내가 어디 있는지 당신에게 말해주지는 못할 거요. 레프 톨스토이. (84:404)

마이클 호프만Michael Hoffman 감독의 〈종착역The Last Station〉[5]이라는 영화로도 널리 알려진 이 마지막 열흘이 톨스토이라는 신화를 완성한다. 82살에 가출이라니. 불과 열흘 사이 '가출-발병-죽음'으로 숨 돌릴 새 없이 이어진 이 극적인 사건은 파란만장했던 톨스토이의 인생을 압축적으로 보여준다. 전 세계에서 몰려든 기자들이 역 앞에 장사진을 치고, 전국에서 몰려온 추종자들이 웅성거리고, 그 와중에 48년을 함께 산 부인은 죽어가는 남편의 임종을 허락받지 못해 발을 동동 구른다. 이 난리법석은 말도 많고 탈도 많던 톨스토이의 마지막에 더없이 어울리는 장면이다. 평생 사랑을 설교했고, 늘 평화를 소원했던 톨스토이는 한때 더없이 사랑했던 아내와의 불화로 길 위에서 생을 마감한다.

이 역설은 성자 톨스토이와 전사 톨스토이의 간극을 가장 드라마틱하게 보여준다. 그 속에서 우리는 신화 속 우상이 아니라, 한 인간의 고통을 본다. 톨스토이가 위대하다면, 그가 늘 이런 고통 속에 살았다는 것, 그럼에도 자신을 죽음으로 내몰면서까지 그 고통을 결코 외면하지 않았다는 데 있을지도 모르겠다. 이 위대한 고통의 크기와 깊이가 그를 거인으로 만들었다.

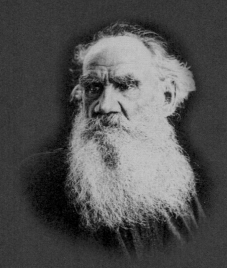

2부
**톨스토이와
아시아 평화**

Tolstoy

로맹 롤랑은 1928년 톨스토이 탄생 100주년을 맞이해 쓴 논문 「톨스토이를 향한 아시아의 대답」에서 '톨스토이가 아시아 역사에 미친 영향이 유럽에 미친 것보다 훨씬 크다'고 한 바 있다.[1] 또, 님 웨일즈N.Wales가 쓴 취재기 『아리랑』의 주인공으로 잘 알려진 조선의 혁명가 장지락은 "극동의 현대 사상가나 작가 중에서 한때 톨스토이주의자가 아니었던 사람이 있을까"라고 말했다. 그는 톨스토이 책을 주머니에 넣고 다니며 거의 매일같이 읽었다고 한다.[2] 이 증언들이 잘 보여주듯이 톨스토이는 인도, 중국, 일본, 한국 등 아시아의 근대에 큰 영향을 미쳤다.

톨스토이와 아시아, 그와 동양의 관계는 일방향이 아니었다. 젊은 시절부터 톨스토이는 동양에 큰 관심을 갖고 있었고, 인도의 브라만교나 불교, 공자, 맹자, 노자 같은 중국의 고대철학을 열심히 공부했다. 특히 톨스토이가 1870년대 말에서 1880년대 초 정신적 위기를 겪으며 새로운 삶의 진리를 탐색해 나가던 때, 그는 스스로 '동양의 지혜'라 부른 것에서 큰 영감을 얻었다. 따라서 동양이라는 화두는 톨스토이의 어느 한 작품이나 저술에 국한되는 것이 아니라, 그의 사상 체계 전반과 유기적으로 얽혀 있다.

예를 들어 노자의 무위 사상은 톨스토이의 사상적 전환에 본질적인 영향을 미쳤다. 1876년 노자의 『도덕경』을 처음 접한 톨스토이는 그 심오함에 감탄을 금치 못했다. 원전을 직접 읽기 위해 중국어를 배우기까지 했으며, 이후 두 차례에 걸쳐 실제 번역 작업에 참여하기도 했다. 1913년 중국어에서 직접 번역한 『도덕경』이 러시아에 처음 출판되었을 때, 감수를 맡은 이가 바로 톨스토이였다.

톨스토이는 개인적 관심을 넘어 아시아 문명의 풍요로움을 러시아에 널리 알리고 대중화하는 데도 앞장섰다. 그가 쓴 어린이용 교과서인 『초급문법』이나, 매일의 독서를 위한 지침서인 『러시아 독본』에는 그가 직접 손본 아시아 민담이나 설화가 다수 포함되었다.[3]

또 톨스토이는 아시아의 사상가나 문화 활동가와 직접 교류한 최초의 러시아 작가 중 하나로, 교류의 폭과 깊이에 있어 타의 추종을 불허한다. 그의 영지 야스나야 폴랴나를 방문한 수많은 순례자 중에는 아시아에서 온 다양한 사람들이 포함되어 있었다. 모스크바에 위치한 국립톨스토이박물관에는 세계 각지 사람들이 톨스토이에게 보낸 편지가 5만 통 가까이 보관되어 있다. 그중에는 인도의 간디, 중국의 장즈동張之洞, 구홍밍辜鴻銘, 일본의 도쿠토미 로카, 아베 이소오安部磯雄 등 당대를 풍미한 아시아 사상가들이 보낸 서신이 포함되어 있다.

톨스토이가 동양에 열렬하고 지속적인 관심을 가진 데는 여러 계기가 있다. 그는 서유럽 문명에 매우 부정적인 견해를 갖고 있었고, 특히 과학기술이나 진보에 대한 맹목적인 믿음을 몹시 경계했다. 톨스토이는 '서양은 문명, 동양은 야만'과 같은 당시의 이분법에 결코 동의하지 않았다. 오히려 아시아 민중의 수천 년의 지혜가 농축된 동양 철학 속에서 서구식 문명의 폐해를 극복할 방도를 찾고자 했다. 또 그는 자신의 평화사상에 준해 제국주의나 식민주의를 강도 높게 비판해왔기에, 여러 논문이나 편지를 통해 착취 받는 아시아 민중에 대한 관심과 지지를 지속적으로 표명한다. 청일전쟁과 러일전쟁은 아시아에 대한 이런 관심을 증폭시킨 극적인 사건이었다. 무엇보다 이 모든 것을 관통하는 가장 중요한 계기는 유럽과 아시아 사이에 위치한 러시아의 지정학적 운명에 대한 톨스토

이의 깊은 이해라고 말할 수 있다.[4]

19세기 러시아 지식인들은 러시아의 이중적 정체성 중 어느 요소를 강조하느냐에 따라 서구주의자와 슬라브주의자로 나뉘어 서로 반목했다. 톨스토이는 서구주의자도, 슬라브주의자도 아닌, 서양과 동양의 조화 속에서 길을 찾고자 했다. 그에게 아시아는 절대적 타자가 아닌, '내 안의 다른 나'라고 할 수 있다. 실제로『전쟁과 평화』나『하지 무라트』같은 톨스토이의 작품 속에는 동양적 사고와 행동 방식을 체현한 인물이 매우 긍정적으로 묘사되어 있다. 비평가들이 이를 두고 '아시아 대초원으로의 도피'라며 부정적으로 평가했지만, 톨스토이는 아랑곳하지 않았다.[5]

톨스토이와 동양 사이의 상호 텍스트성은 첫 번째로는 간디의 무저항주의와의 상호작용 속에서 찾아볼 수 있고, 두 번째로는 톨스토이의 '무저항'과 노자의 '무위' 사상의 깊은 연관성 및 그가 중국의 초기 아나키스트에 미친 영향에서, 세 번째로는 일본의 초기 사회주의, 기독교 평화주의의 형성에 그의 러일전쟁론이 미친 강력한 영향 속에서, 마지막으로는 일본을 경유하면서도 일본과 질적으로 구별되는 한국의 톨스토이 수용과 그 특성을 결정지은 조선 지식인들의 톨스토이 숭배에서 찾아볼 수 있다.

5장

ニ二十十十十十十十十十十十二

톨스토이와 인도

'힌두 톨스토이' 간디

'비폭력의 두 아이콘' 간디와 톨스토이는 생애사적으로도 인연이 깊다. 이는 주로 간디의 평화사상에 미친 톨스토이의 거대한 영향을 말한다. 간디는 자신의 비폭력 저항운동이 톨스토이의 『하느님 나라는 너희 안에 있다』에서 구체적인 형식을 얻었음을 기회 있을 때마다 강조했고, 자신을 사로잡은 세 명의 멘토로 인도철학자 슈리마드 라지찬드라Shrimad Rajchandra, 영국의 사회비평가 존 러스킨John Ruskin과 더불어 톨스토이를 꼽는 데 주저하지 않았다. "역사적 인물을 통틀어 누가 20세기에 가장 크고 유익한 영향을 끼쳤다고 생각하나"라는 질문에 간디는 "톨스토이, 오직 그뿐이다"라고 대답한 바 있다.[1]

톨스토이에 대한 간디의 애정과 관심은 매우 깊고 광

간디가 세운 톨스토이 농장과 관계자들(가운데 줄 오른쪽에서 다섯 번째가 간디)(1910)

범위한 것이었다. 그는 톨스토이에 대한 짧은 전기를 직접 썼고, 톨스토이가 쓴 「힌두인에게 보내는 편지」를 번역해 인도인들에게 널리 알렸으며, 「바보 이반 이야기」, 「사람에겐 얼마만큼의 땅이 필요한가」와 같은 우화들을 번역해 단편소설집을 냈다. 또 '사티아그라하satyagraha'*의 원칙을 저항운동의 핵심으로 천명한 후, 「톨스토이의 사티아그라하Tolstoy's satyagraha」라는 논문을 써서 러시아에서 벌어

* 산스크리트어로 'satya'는 '진리', 'agraha'는 '꼭 붙잡음', '고수固守'를 뜻한다. 간디는 이를 보통 '진리의 힘Truth-Force'이라 불렀다.

지고 있는 병역 거부 운동을 상세히 전하기도 했다. 그는 1909년 남아프리카공화국 요하네스버그 인근에 아쉬람 ashram(인도 수행자 공동체)을 세워 이를 '톨스토이 농장Tolstoy Farm'이라 불렀다.

간디가 톨스토이의 저작을 처음 접한 건 그가 남아공에서 활동하던 때였다. 보통 간디의 저항운동은 남아공에서 인도인에 대한 인종차별반대운동을 벌이던 시기(1893~1914)와 인도로 돌아가 독립운동을 하던 시기(1915~1948)로 크게 나뉜다. 간디는 전자에 해당하던 1894년, 하지만 아직 본격적인 저항운동가로서의 면모를 갖추기 전인 25살 때 톨스토이의 『하느님 나라』를 읽고 말할 수 없이 큰 감동을 받는다. 특히 이 책은 아직 비폭력에 확신을 갖지 못한 간디가 '아힘사ahimsa'**를 자신의 가장 중요한 원칙의 하나로 삼는 결정적인 계기가 되었다. 간디는 자서전에서 『하느님 나라』에 대해 다음과 같이 술회한다.

** 산스크리트어로 'himsa'는 '상해傷害', '살생殺生'을, 'ahimsa'는 그 반대를 뜻한다. 보통 '불살생'이나 '비폭력'으로 이해된다.

톨스토이의 『하나님의 나라는 너희 안에 있다』는 나를 온통 뒤흔들었다. 그것은 영원히 지워질 수 없는 인상을 내 마음에 남겼다. 그 책의 독립적인 사고방식, 넓고 왕성한 도덕성, 그리고 그 진실함 앞에서 코츠 씨가 내게 주었던 모든 책은 빛을 잃고 의미가 없어진 듯했다. (『자서전: 나의 진리 실험 이야기』, 216)

1906년 9월 11일 간디가 남아공의 트란스발에서 인종 차별 반대운동을 본격적으로 개시했을 때, 그는 톨스토이를 인용해 투쟁의 독트린을 요약한다. 즉 '국가에 필요한 원칙은 신의 법칙에 불복하고 세속적 이익을 위해 화해 불가능한 것을 화해시키려 하는 사람들만을 결박할 수 있으며, 기독교인은 이 원칙에 어떠한 의미도 부여할 수 없다'는 톨스토이의 주장은 남아공 정부가 인도인에게 적용한 갖가지 차별법에 불복할 도덕적 근거가 되어주었다.[2]

당시 남아공의 트란스발 정부는 인도인을 '가장 경멸할 만한 피조물'이라 일컬어 흑인만큼이나 차별했다. 인도인 이민 제한을 위한 지문 등록, 시민권이나 선거권 박탈, 소유 제한, 노동 제한, 거주 제한, 이동 제한 등 헤아릴 수 없이 많은 차별이 '아시아인 수정법'의 이름으로 행해졌다. 간디 또한 명색이 변호사임에도 유색인이라는 이유로 1등 칸에서 쫓겨나고, 밤 9시 이후 공공보도를 걸었다는 이유로 얻어맞기도 했다. 이런 극단적 불의와 차별이 다름 아닌 법의 이름으로 집행된 것이다.

간디의 비폭력 저항운동의 핵심은 이런 법적인 조치들에 대한 거부와 불복종, 그로 인해 초래되는 모든 폭력적 처벌을 감수하는 것이었다. 그 토대에는 '오직 신의 법칙만을 따르는 기독교인은 국가가 정한 법으로부터 자유롭다', 그러나 '악을 악으로 물리쳐서는 안 된다'는 톨스토이의 가르침이 깔려 있다. 이후 간디의 트레이드마크가 된 시민불복종 운동, 즉 국가법에 대한 비폭력적 저항은 이렇게 톨스토이의 『하느님 나라』에서 얻은 각성으로부터 발화한 것이다. 간디가 자신의 운동이 『하느님 나라』를 통해 비로소 구체적인 형태를 얻게 되었다고 거듭 밝힌 것은 이런 뜻에서일 것이다. 그만큼 간디에게 이 책은 더없이 각별한 의미를 지닌다. 나중에 간디가 감옥에 가게 되었을 때 그는 수갑을 차고 법정으로 이송되는 순간에도 『하느님 나라』를 가져갈 수 있도록 요청했고, 교도관에게도 이 책을 선물했다.[3]

톨스토이와 간디는 직접 편지를 나눈 것으로도 유명하

다. 서신교환은 간디가 1909년 7월 10일부터 11월 13일 까지 런던에 체류하던 중에 시작되었다. 이 기간에 간디 는 우연히 톨스토이의 「힌두인에게 보내는 편지」(1908, 이 하 「편지」)의 영문판을 읽게 된다. 이를 계기로 간디가 톨 스토이에게 편지를 보내고, 이때부터 톨스토이가 죽기 두 달 전까지 두 사람 사이에 네 차례의 서신교환이 이루어 진다. 「편지」와 서신교환은 간디가 비폭력 원칙을 남아공 의 반인종차별운동뿐 아니라, 이후 인도 독립을 위한 저 항운동에도 적용하게 된 결정적 계기가 되었다.

간디가 런던을 방문하기 열흘 전인 1909년 7월 1일, 런던에서는 큰 사건이 발생한다. 힌두 민족주의자인 마단 랄 딩그라M. Dhingra가 인도 담당 영국 국무장관 몰리Moreley 경의 정치 보좌관인 커즌 와일리C. Wyllie를 암살한 것이다. 딩그라는 당일 체포되어 한 달 보름 만에 교수형에 처해 졌다. 당시 런던에 거주하던 인도인들은 인도 착취에 앞 장섰던 와일리를 제거한 딩그라의 죽음을 일종의 순교로 받아들였다. 간디가 톨스토이의 「편지」를 읽게 된 것은 이 런 뒤숭숭한 분위기 속에서였다.

「편지」는 인도의 대표적 혁명주의자이자 급진주의 저 널 〈자유 힌두스탄Free Hindustan〉의 편집자였던 타락 나트

다스^{Tarak Nath Das}가 톨스토이에게 보낸 편지에 대한 답장이다. 먼저 다스가 보낸 편지는 비폭력으로 유명한 톨스토이에게 인도 독립이라는 대의를 위해서도 폭력 사용이 허락될 수 없는지 묻는 내용이었다. 그는 톨스토이가 인도 독립투쟁을 지지해줄 것을 호소했다.

답장에서 톨스토이는 '침략에 대한 (무력)저항은 정당할 뿐 아니라 필수적'이라고 호소하는 다스에게 먼저 묻는다. 과연 상업적 회사 하나가 2억의 인구를 가진 나라를 노예로 만들 수 있는가? 고작 3만의 사람들이 2억의 사람들을 굴복시키는 것이 가능한가? 이 숫자들은 인도인을 노예로 만든 건 영국인이 아니라 인도인 자신이라는 걸 여실히 보여준다.

> 당신은 영국인들이 당신 나라 사람들을 노예로 만들어 복종시킨 것이 당신 나라 사람들이 충분히 단호하게 저항하지 않아서, 힘에 힘으로 맞서지 않아서라고 말합니다. 하지만 사실은 정반대입니다. 영국인들이 인도인들을 노예화했다면, 그건 인도인들이 힘을 사회질서의 근본원리로 보았고, 여전히 보고 있기 때문입니다. … 인도인들이 폭력으로 인해 노예가 된다면, 그것은 그들이 인류의 본성에

담긴 영원한 사랑의 법칙을 인정하지 않은 채, 스스로 폭력에 의해 살았고, 살고 있기 때문일 뿐입니다. 폭력에 의한 일체의 저항을 용납하지 않는 사랑의 법칙은 인간의 자연스러운 심성이고, 지금도 드러나고 있습니다. 사람들이 전적으로 이 법칙에 따라 살고 폭력에 일체 가담하지 않게 되면, 수백의 사람들이 수백만의 사람들을 노예로 만드는 일은 물론이고, 심지어 수백만의 사람이 단 한 사람을 굴복시키는 것도 불가능하게 됩니다. 악의 실행자에 저항하지 말고, 악의 실행에 가담하지 않는 겁니다, 정부의 폭력행위에, 재판에, 세금 징수에, 무엇보다 군인이 되는 것에 말입니다. 그럼 세계의 어느 누구도 당신들을 노예로 만들지 못할 겁니다. (「힌두인에게 보내는 편지」, 268~269)⁴

톨스토이에 따르면, 인도인이 현재의 폭력에서 벗어나 독립을 쟁취하는 방법은 똑같이 폭력을 휘두르는 게 아니라, 오직 그 폭력에 가담하지 않는 것으로만 가능하다. 이를 위해서는 무엇보다 먼저 스스로의 무기력, 타성, 최면 상태에서 깨어나야 한다. 톨스토이가 인도인 스스로가 자신을 노예로 만들었음을 강조한 것은 이러한 각성의 필요성과 직결되는 것이다. 타인을 겨냥한 폭력이 아니라, 스스로를 향한 도덕적 각성을 요청하는 것이야말로 사랑의 법칙을 실현하는 일이다.

도덕적 각성이 무엇보다 중요한 이유는 그것이 사람들을 행동하게 만들기 때문이다. 그 행동의 본질은 '행동하지 않는 것'에 있다. 즉 톨스토이가 평소 국가 철폐의 방법으로 누누이 강조해왔던 공직 거부, 납세 거부, 병역 거부, 재판 거부 등이 그것이다. 얼핏 수동적으로 보일 수 있는 이 행동은, 그러나 국가(영국 정부)의 존립 기반 자체를 타격하는 가장 근원적이고 적극적인 행동에 다름 아니다. 이 행동은 폭력을 근저로부터 허물어 근원적으로 사라지게 할 수 있는 유일한 방법이다.

간디는 「편지」를 모국어로 번역해 인도인들에게 널리 알려야겠다고 결심한다. 그가 보기에 진정한 자유는 톨스토이가 가르치는 이런 삶 속에서만 가능하다. 트란스발에서 인도인이 얻고자 하는 자유도, 인도 본토에서 얻고자 하는 자유도 바로 이런 것으로, 이것이야말로 진정한 '스와라지swaraj(자치, 독립)'라고 간디는 말한다. 그는 영국 고위 관료를 암살한 딩그라의 테러에 대해서도 독립 쟁취를 위한 "가장 혐오스러운 최악의 방식"이라 결론 내리고, 톨스토이를 따라 "폭력의 방법을 악에 대한 무저항의 방법"

으로 바꾸고, "폭력에 표현된 증오가 아니라 자기고행에 표현된 사랑의 방식"으로 대신할 것을 권한다.[5]

「편지」에 깊은 감동을 받은 간디는 1909년 10월 1일 톨스토이에게 첫 번째 편지를 보낸다. 이미 3년 동안이나 트란스발에서 톨스토이가 권한 바와 같은 비폭력 저항운동이 진행 중이며, 그곳에 거주하는 1만 3천여 명의 인도인 중 거의 절반 이상이 차별법에 굴복하지 않기 위해 떠나거나 투옥되었다고 알린다. 또 그는 「편지」를 힌두어로 번역해 2만 부 정도 배포하고 싶은데 그래도 될지 톨스토이에게 양해를 구한다. 톨스토이는 일주일 만인 1909년 10월 7일에 답장을 쓴다. 그는 병역 거부 사건을 예로 들어 국가의 법과 신앙의 법이 부딪히는 상황이 러시아에서도 갈수록 빈발하고 있음을 간디에게 알려준다.

이후 간디는 세 차례 더 편지를 보낸다(1909년 11월 10일; 1910년 4월 4일; 1910년 8월 15일). 그는 자신에 대한 최초의 전기(『간디: 남아프리카의 인도 애국자M. K. Gandhi: An Indian Patriot in South Africa』), 자신이 쓴 최초의 저작『힌두 스와라지Hind Swaraj or Indian Home Rule』, 자신이 남아공에서 발행하던 저널(〈인도 오피니언Indian Opinion〉)을 편지에 동봉하기도 하고, '톨스토이 농장'을 설립한 것을 알리거나, 투쟁의 경과를 들려주고

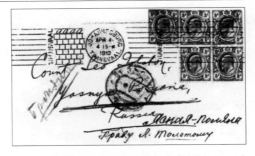

간디가 톨스토이에게 보낸 편지와 편지봉투(1910.4.4)
두 사람은 톨스토이 사망 전까지 네 차례 서신을 주고
받았다.

조언을 구하기도 한다.[6]

톨스토이는 간디의 편지뿐 아니라, 그가 보낸 여러 자료들을 매우 흥미롭게 읽었다. 톨스토이는 간디의 세 번째 편지를 받은 후 "저녁에 간디가 문명에 대해서 쓴 것을 읽었다. 아주 훌륭하다. 메모를 해두어야겠다"라고 일기에 쓴다.[7]

톨스토이는 간디로부터 네 번째 편지를 받고, 당시 정신적으로나 육체적으로 몹시 안 좋은 상황이었음에도 바로 그날 답장을 쓴다. 1910년 9월 7일, 그러니까 죽음을 두 달 앞두고 쓴 이 마지막 편지에서 그는 트란스발의 투쟁은 인도인만이 아니라 전 인류에게 매우 중대한 문제라며 간디를 격려한다. 톨스토이는 살면 살수록, 특히 지금처럼 죽음이 멀지 않았음을 생생하게 느끼는 순간, 다른 무엇보다 무저항에 대해 말해주고 싶다고 쓴다. 그는 악을 악으로 갚지 않는 무저항의 본질이 바로 사랑이고, 사랑은 다른 영혼과의 연대에 대한 갈망이며, 이 사랑의 법칙은 기독교만이 아닌 모든 종교에 보편적으로 적용된다고 말한다.

톨스토이는 장문의 편지를 통해 국가를 비판하고, 진보에 대한 근대적 추구를 경고하고, 사회주의나 아나키즘의 보급, 범죄율과 실업률, 자살률의 증가, 어처구니없는 사치와 극단적 가난의 공존 등 사회문제를 지적한다. 사랑의 법칙의 실현은 이 다양한 사회악에 구현된 폭력의 법칙을 거부할 때만 가능하고, 따라서 트란스발에서 간디의 작업이야말로 가장 중심적이고 중요한 일이라는 것이다.[8]

　톨스토이가 죽기 며칠 전에야 이 답장을 받은 간디는 이를 자신의 저널에 싣는다. 이후 남아공 인도인의 시민권 쟁취 투쟁이 승리의 결실을 맺은 1914년, 그 기념으로 발행한 특집호에 간디는 톨스토이의 마지막 편지를 그의 초상화와 함께 다시 싣는다. 이는 1906년부터 8년간 이어진 지난한 투쟁에 톨스토이가 누구보다 큰 사상적, 도덕적 원천이었음을 천명하는 것에 다름 아니다. 실제로 간디는 인도로 돌아간 후 진리에 대한 두려움 없는 추구, 비폭력의 실천, 무소유, 절제와 금욕, 육체노동 중시 등 톨스토이의 원칙을 힌두 수행자 공동체의 서약으로 삼았다.

간디와 톨스토이 사이

'힌두 톨스토이'라는 간디의 별명이 보여주듯 간디와 톨
스토이 사이에는 많은 유사성과 상호 공감이 존재했다.
물론 이는 간디의 평화사상에 톨스토이가 큰 영향을 미쳤
기 때문이지만, 근본적으로 두 사람 모두 전통 인도철학
에서 사상의 근원을 찾았던 점과도 무관하지 않을 것이
다. 하지만 간디 스스로 인정하고 있듯이 둘 사이에는 결
정적인 차이도 존재한다. 특히 이는 폭력 문제, 국가와 정
치에 대한 태도에 잘 드러난다.

톨스토이가 개인의 정당방위 차원의 폭력 행동조차 용
납하지 않는 절대적 비폭력주의를 내세웠음은 여러 차례
강조한 바 있다. 톨스토이는 강도가 어린아이의 목숨을
위협하는 상황에서도, 그 강도가 아이를 진짜 죽일지는

간디의 사상은 톨스토이와 매우 유사했으나, 폭력, 애국심, 정치 참여 문제에 있어서는 많이 달랐다.

마지막까지 결코 알 수 없고, 아이의 목숨이 강도의 목숨보다 귀하다고 판단할 어떤 근거도 없으며, 따라서 강도를 설득하거나 그와 아이 사이를 막아설 수는 있어도 그를 죽여서는 안 된다고 주장했다.[9]

반면 간디는 아힘사, 즉 비폭력을 대원칙으로 삼았지만 상황과 필요에 따라 부분적으로 폭력을 허용한 바 있다. "비겁과 폭력 사이의 선택만이 존재한다면 차라리 폭력을 택하겠다", "인도가 불명예의 무력한 희생자로 남게 하기보다는 그 명예를 수호하기 위해 무기에 의존하게 할 것이다" 같은 말을 간디의 어록에서 찾는 건 그다지 어려운 일이 아니다.

그는 제1차 세계대전 당시 인도 독립을 위한 지위 확보 차원에서 인도인의 영국군 참여를 적극 독려했다. 이 사실은 '간디의 불편한 진실'을 대표하는 사례로 널리 알려진 것이기도 하다. 1918년 6월 22일 그가 쓴 〈모병 호소문〉에는 '인도는 제국의 동반자가 되어야 하고, 그 최선의 길은 인도인이 군대에 자원하여 제국의 방어에 참여하는 것'이라는 대목이 나온다. 그 자신이 모병 행위와 아힘사 사이의 딜레마를 느끼고 괴로워한 것도 사실이고, 그를 옹호하는 사람들은 이 행위가 '민족의 이익과 비폭력원리 사이의 (불가피한) 충돌'이라고 해석하기도 한다.[10]

하지만 사실 이는 보다 근본적으로 앞서 인용한 바와 같이 비폭력의 조건적 포기를 용인했던 간디의 기본적인 입장과 공명하는 것이다. 얀코 라브린J. Lavrin이 간디와 톨스토이를 비교하는 논문에서 '실용적 이상주의'라 정의한 간디의 이러한 태도는 톨스토이의 절대평화주의와 선명하게 대조되는 것이다.

국가를 만악의 근원으로, 정부를 그 악의 집행자로, 애국심을 가증스러운 기만으로 철저히 반대했던 톨스토이와 달리 간디는 모든 정부가 아닌 나쁜 정부에 대한 선택적 거부를 말했고, 애국심에 있어서도 경쟁이나 질시, 배타주의와 같은 부정적 측면만을 거부했다. 간디는 다음과 같이 말한다.

구원으로 가는 길은 내 조국과 인류에 대한 봉사를 통해 얻어지며, 나에게 애국심은 인류애와 동일하다. 나는 인간적이기에 애국적이며 … 따라서 나의 애국심은 영원한 자유와 평화의 땅으로 가는 여행 속의 한 단계다.[11]

정치를 가장 질 나쁜 사기와 협잡으로 간주했던 톨스토이와 달리 간디는 결코 정치를 포기하지 않았고, 정치를 종교적, 도덕적 가치와 결합해 인간화하고자 했다. 그는 '명상하는 성자'라기보다 '행동하는 성자'였고, 결과적으로 누구보다 탁월한 감각을 지닌 '정치인'이기도 했다.

정치인 간디를 가능하게 한 그의 실용적 이상주의야말로 '소금행진'처럼 역사상 전례가 드문 시민불복종운동을 당시 인도와 같이 시민의식이 거의 부재한 땅에서 그처럼 폭넓은 대중운동으로 성공시킨 비결이기도 할 것이다. 평생 어떠한 정치조직에도 가담하지 않고 홀로 '외로운 늑대'로 살았던 톨스토이 대신 그의 이상을 현실 정치와 결합시킨 인물이 바로 간디라고 보는 시각은 여기에 기인한다.

하지만 만일 제국주의 전쟁에 자원할 것을 호소하고, 애국심을 보편적 인류애에 이르는 과정이라 역설하는 간디의 모습을 톨스토이가 보았다면, 과연 그는 어떤 반응을 보였을까. 아마도 그는 그간 자신이 보인 지지와 격려를 즉각 철회하고 간디에게 당장 "회개하라!"고 일갈했을 것이다. 간디가 모국에서 민족주의 운동에 헌신하기 전에 톨스토이와의 교류가 종결된 것은 어쩌면 간디에게, 또 톨스토이에게도 큰 행운일지 모르겠다.

6장

= = + + + + + + + = =

톨스토이와 중국

노자의 무위와 톨스토이의 무저항

아시아의 다른 나라와 달리 중국의 경우, 톨스토이가 중국에 미친 영향만큼이나 중국(고대철학)이 톨스토이에게 미친 영향도 매우 크다. 특히 노자의 '무위' 사상은 톨스토이 평화주의의 핵심 원리, 즉 무저항이나 비폭력, 병역 거부, 납세 거부, 재판 거부 등 국가에 불복하는 '비행위非行爲'의 도덕적 근거가 되었다는 점에서 매우 중요하다.

1904년부터 1910년까지 주치의로서 톨스토이의 마지막을 함께한 두샨 마코비츠키D. Makovitskij의 회상록에는 톨스토이가 노자에게 얼마나 큰 영향을 받았는지 확인할 수 있는 대목이 여럿 나온다. 그 외에 1891년에 톨스토이가 자신에게 영향을 미친 책을 정리한 목록을 봐도 이를 알 수 있다. 톨스토이는 자신이 받은 인상의 정도를 '큰', '매우 큰', '거대한' 세 단계로 나눴는데, 『공자』, 『맹자』가 '매우 큰' 인상을 남긴 책에 속한다면, 1876년 처음 접한 노자의 『도덕경』은 복음서와 더불어 '거대한' 인상을 남긴 책으로 분류된다. 톨스토이는 노자 사상이 제대로만 번역되어 알려진다면 '모든 가르침의 근본'이 될 수 있을 거라고 보았다. 그는 노자와 『도덕경』에 대해 다음과 같이 말했다.

> 노자가 지금까지 알려지지 않은 건 이상한 일이다. 사상이 대단히 깊고, 그 문체, 표현 방법이 참으로 중국적이다. … 이것은 놀라운 책이다. 비록 (원)본과 거리가 있을지라도, 난 정말 이 책을 (영어, 불어, 독어에서) 번역할 것이다. … 이 책으로 중국어를 익힐 수 있을 것 같다.[1]

톨스토이의 이런 평가는 생애 마지막까지 변하지 않았다. 1909년 5월 5일 그가 쓴 일기에는 "내게는 노자를 읽는 게 정말 중요했다. 심지어 노자에 정면으로 대치되는 혐오스러운 감정까지 든다. 오만, 노자처럼 되고 싶다는 욕망"이라는 언급이 나온다.[2] 말년의 그는 늘 가까운 곳에 노자의 책을 두고, 일상적인 대화에도 노자의 말을 자주

인용하곤 했다.

그는 실제로 두 차례에 걸쳐 『도덕경』 번역에 착수하기도 했다. 1893년에는 러시아인 포포프E. Popov와 함께, 1895년에는 중국어와 고대 중국철학에 능통한 일본인 코니시 마스타로小西增太郎와 함께였다. 톨스토이가 사귄 최초의 일본인이었던 코니시는 일본에서 러시아 정교 세례를 받고 '다닐 페트로비치'라는 러시아 세례명까지 받은 정교신자로, 키예프신학대학, 모스크바국립대학의 유학생이었다.

톨스토이가 코니시를 소개받고 자기 영지로 초청한 것도 코니시가 『도덕경』을 러시아어로 번역하고 있다는 소문을 들었기 때문이다. 1895년 11월 야스나야 폴랴나를 방문한 코니시는 그 후 넉 달 동안 거기 머물며 톨스토이와 함께 『도덕경』을 번역했다. 톨스토이는 코니시가 중국어에서 번역한 것을 영어, 독어, 불어 번역본과 비교해 교정하는 역할을 담당했다. 코니시가 번역하고 톨스토이가 감수한 이 번역본은 1913년 출판된다. (이후 일본으로 돌아가 교토대, 도시샤대의 교수를 지낸 코니시는 열렬한 톨스토이주의자로 일본에 톨스토이의 작품과 사상을 알리는 데 헌신했다. 톨스토이와 함께 번역한 『도덕경』은 현재 도시샤대학교 도서관에 보존되

톨스토이와 코니시 마스타로가 공동 번역한 러시아
어 『도덕경』. 지금도 러시아 대표 온라인 서점 '오존'
에서 판매되고 있다

어 있다. 1910년 톨스토이가 사망했을 때 코니시는 장례식에 직접
참석했으며, 1929년 10월 톨스토이의 막내딸 알렉산드라가 일본을
방문했을 때는 그녀와 일행을 위해 동경에서 멀지 않은 곳에 러시아
풍의 집을 마련해주기도 했다. 그는 '톨스토이 딸을 위한 후원회'를
조직해 미국으로 망명한 그녀를 물심양면으로 도왔다.)[3]

톨스토이는 노자 사상의 핵심을 무엇보다 '무위'에서 찾았다. 그는 1893년 「무위」라는 제목의 논문을 직접 썼고, 1909년에는 「노자의 가르침」, 「노자의 격언」이라는 짧은 글을 썼다. 또 '삶에 대한 톨스토이 사유의 완결판'이라 불리는 『인생의 길』(1910)에서는 살면서 해야 할 것과 하지 말아야 할 것을 구분하면서, 무위를 성실, 겸손, 자기부정 등과 나란히 중요한 삶의 덕목으로 분류한다.

특히 톨스토이가 8번이나 고쳐 쓰며 심혈을 기울인 「무위」는 그와 노자 사상의 연관을 함축적으로 보여주는 논문이다. 여기서 톨스토이는 졸라E. Zola, 뒤마A. Duma로 대표되는 유럽 지성사의 맥락에 노자의 사상을 기입해 그 보편적 의미와 실천적 역할을 강조했다.

「무위」는 1893년 5월 졸라가 어느 학생 모임에서 한 연설과, 같은 해 6월 뒤마가 프랑스의 한 신문에 기고한 편지에 대한 톨스토이 나름의 답변이라 할 수 있다. 톨스토이는 서로 상반된 입장에서 당대 유럽의 사상적 경향을 대변하는 두 글에 대해 자신의 입장을 밝힐 필요를 느끼고, 「무위」에 졸라의 연설, 뒤마의 편지 전문을 싣고 자신의 견해를 덧붙였다.

졸라는 19세기 말, 문명과 진보에 대한 믿음을 상실하고, 영원을 설파하는 종교나 신비주의에서 위안을 얻는 젊은이들에게 '과학'과 '노동'에 대한 믿음을 회복할 것을 권한다. 스스로를 늙은 실증주의자라 일컫은 졸라는 삶의 유일한 의미이자 기쁨은 과학을 통해 미지의 대상을 조금씩 정복해가는 데 있고, 노동이야말로 세계의 유일한 법칙이자 삶의 이유라고 주장한다. 그는 미래의 세기는 오직 노동에 달려 있고, 노동하는 자만이 강하고, 노동하는 자만이 선하다고 주장한다.

반면 뒤마는 졸라의 노동이라는 처방에 회의를 표하며, 사람에게는 음식을 줘야 하는 몸과 교육을 시켜야 하는 정신만 있는 게 아니라, 빛과 진리로 끊임없이 나아가는 '영혼' 또한 존재한다고 말한다. 영혼은 상호이해와 사랑을 한없이 요구하며, 영혼의 움직임이야말로 절대적으로 인간적인 것이다. 따라서 다가올 시대는 노동의 시대가 아니라, '서로 사랑하라'는 약속, 형제애의 위대한 법칙이 실현되어야 하는 시대다.[4]

톨스토이는 전적으로 뒤마의 입장에서 졸라의 주장을 비판한다. 졸라의 '노동'에 대해 톨스토이는 '노동하지 않음', '행위하지 않음', 즉 '무위'의 도덕성을 대립시킨다. 그리고 무위의 가르침이 노자로부터 비롯함을 밝힌다.

노자라는 잘 알려지지 않은 중국 철학자가 있다. … 노자 가르침의 본질은 개별 인간뿐 아니라, 특히 민중 같은 사람들의 집합체에 있어 최고의 선은 '도道'의 인식을 통해 주어질 수 있다는 것이다. 도란 단어는 '길, 선행, 진리'로 번역될 수 있는데, 도의 인식은 오직 무위를 통해서만 얻어질 수 있다. … 노자의 가르침에 따르면 사람들의 모든 불행은 그들이 해야 할 일을 하지 않아서가 아니라, 하지 말아야 할 일을 한 데서 생긴다. 따라서 사람들이 무위를 따른다면, 개인적 재난은 물론, 특히 이 중국 철학자가 주로 염두에 두었던 온갖 사회적 재난들로부터 해방될 수 있을 것이다. (「무위」, 29:185)

졸라는 노동하는 자만이 선하다고 주장하지만, 톨스토이가 보기에 술이나 담배 같은 해로운 물건을 만들어내는 사람도, 살인을 가르치는 대령도, 거래소의 투기꾼도 열심히 일한다. 인류 역사상 가장 큰 악당인 네로 황제도, 표트르 1세도 늘 누구보다 바빴다. 하지만 그들이 무슨 짓을 했는가? 톨스토이는 오히려 잠시라도 멈추어 자신이 몰두하던 일에서 빠져나와 자신이 하는 일을 돌아볼 것을 강력히 권한다. 바로 이것이 무위의 도덕성이자 도에 다름 아니다.

사람이 자기의식에 합당하게 자기 삶을 변화시키기 위해
서는 더 이상 어떤 일에도 착수하지 말고, 아무것도 하지
말고, 오직 멈춰서서 하는 것을 멈추고, 생각하는 데 집중
해야 한다. (「무위」, 29:198)

이 문장은 대략 10년쯤 후 러일전쟁 비전론 「회개하
라!」에 울려 퍼진 톨스토이의 외침을 떠오르게 한다. 잠시
라도 하던 일을 멈추고 자신을 깊이 돌아보라, 그리고 회
개하라, 그리하여 전쟁에 나가지 않겠다고 말하라! 톨스
토이의 무위는 폭력에 가담하지 않겠다는 윤리적 결단이
자, 사회악에 저항하는 역설적 실천이다.

톨스토이가 '무위'라는 뜻으로 사용한 러시아어 단어
'nedelanije'는 '비행위', '하지 않음'으로 직역될 수 있다.
이 '하지 않음'은 그의 비폭력주의, 무저항, 국가의 정당성
을 거절하는 비행위(병역 거부, 납세 거부, 재판 거부 등)의 본
질이기도 하다. 즉 적극적인 국가 철폐의 행동강령이 '행
동하지 않음'인 것이다. 따라서 1부에서 밝힌 바 있듯이,
'적극적 무저항', '소극적 저항' 같은 톨스토이 평화주의의

형용모순은 바로 노자 사상과 그 독특한 역설 어법에 원천을 두는 것이라 말할 수 있겠다.

당연히 톨스토이의 무위는 수동적이거나 무기력한 포기가 아니라, 매우 의식적이고 적극적인 의지의 표현이다. 톨스토이가 어떤 대화에서 "무위란 아무것도 하지 않는 것이 아니라, 우리 삶에서 가장 적극적이고 집중된 과정 중 하나로 볼 수 있다"[5]고 한 것은 이런 맥락에서일 것이다.

톨스토이의 무위 사상의 급진성은 과거로는 기원전 6세기의 노자에게 소급되고, 미래로는 들뢰즈, 네그리, 아감벤, 지젝 등 21세기 철학자와 이어진다고도 말할 수 있다. 후자의 철학자들은 '안 하는I would not prefer to' 것이 아니라, '안 하는 것을 '하는'I would prefer not to' 멜빌H. Melville의 바틀비Bartleby*를 들어 변화를 일으키기 위한 주요한 제스처 중 하나가 '활동을 철회하는 것'이라 주장한 바 있다. 권력

---

* 허먼 멜빌의 단편소설 「필경사 바틀비」의 주인공 바틀비는 본업인 필경 작업에서부터 심지어 밥 먹는 것에 이르기까지 시종일관 아무것도 하지 않으려 한다. 들뢰즈, 지젝 등의 철학자는 그의 이런 절대적 '행위의 결핍'이 단순히 '안 하는 것'이 아니라 '안 하는 것을 하는' 의지의 최대 실현이라는 점에서 모종의 급진성을 가진다고 보았다.

자들이 비판적 참여보다 더 두려워하는 우리 안의 '불길한 수동성'을 급진화하는 것이야말로 진정한 정치적 행위라는 것이 이들의 주장이다.[6]

이는 톨스토이가 병역 거부와 납세 거부, 준법 거부를 국가의 존립 기반 자체를 타격해 그 폭력을 근원적으로 사라지게 할 유일한 방법으로 본 것과 비슷한 맥락으로 이해될 수 있다. 차이가 있다면 톨스토이에게 이것은 정치적 행위가 아니라 종교적 행위, 즉 악을 악으로 갚지 않는 사랑의 실천이었다는 점이다.

비폭력, 무저항이 사랑의 법칙을 실현하는 방법이었듯이 무위 역시 그러하다. 따라서 노자의 무위와 그를 통해 얻어지는 도는 톨스토이의 사랑, 형제애와 같은 수준에 놓인다. 실제로 톨스토이는 노자 사상에 대해 아래와 같이 말한다. 톨스토이가 유교, 불교, 도교, 힌두교 등 모든 진실한 종교가 기본적인 원리를 공유한다는 종교관을 가지게 된 데에는 노자의 공헌이 컸을지도 모르겠다.

이 사상은 요한의 첫 번째 서한에 표현된 것이나 기독교의 근본적인 가르침과 비슷할 뿐 아니라 완전히 똑같다. 노자의 가르침에 따르면 인간을 신과 하나가 되게 해주는 유

일한 길이 도다. 도는 모든 일신상의 것, 육체적인 것의 절
제를 통해 얻어진다. 요한의 첫 번째 서한에 표현된 가르
침도 그러하다. 요한의 가르침에 따르면 인간을 신과 하나
로 합쳐주는 것은 사랑이다. 사랑도 도처럼 모든 육체적인
것, 일신의 것의 절제를 통해 얻어진다. … 이처럼 노자 가
르침의 본질은 기독교 가르침의 본질과 같다. (「노자의 가르
침」, 40:351)[7]

중국인에게 보내는 편지

20세기 초 톨스토이는 세계에서 가장 유명한 사람들 중 하나였다. 세계 방방곡곡에서 그에게 편지와 전보, 신문과 책을 보내왔다. 현재 모스크바 국립톨스토이박물관에 보관된 이런 편지들은 5만 통을 헤아린다. 그런데 유독 중국에서만 아무런 편지가 없었다. 이에 톨스토이는 여러 번 아쉬움을 표하며, 중국인과 직접 접촉해 이 엄청난 인구가 사는 나라의 소식을 직접 듣고 싶다고 말하곤 했다.

1905년 드디어 톨스토이의 소원이 이루어진다. 12월 4일 장즈동이라는 중국인의 편지와 책이 도착한다. 장즈동은 러시아의 동방학자 보즈네센스키^{A. Voznesenskij}와 함께 중국의 저명 사회사상가 량치차오^{梁啓超}의 책 『최근 40년 중국정치사^{四十年来中国大事記}』를 러시아어로 번역했는데, 그

책과 함께 장문의 편지를 톨스토이에게 보낸 것이다. 편지에서 그는 동봉한 책의 내용을 들어, 중국과 러시아의 문화적 근친성, 양국이 가까워져야 할 이유, 양국에서 사회개혁이 이루어져야 할 필요를 주장했다.[8]

이 편지는 톨스토이에게 깊은 인상을 남겼고, 그는 즉시 답장을 쓴다. 내용인즉, 유럽에 오염되지 않은 양국 민중 문화의 유사성에 기꺼운 동의를 표하나, 양국 간의 교류는 중국 황제와 러시아 차르의 외교적 접촉이 아니라, 양국 민중의 우정, 그 내면적, 정신적 결합에 기반해야 하며, 또 민주적 사회개혁에 대한 환상을 갖지 말라는 것이었다. 톨스토이는 양국의 노동 대중은 각자의 정부에 복종하지 말고, 민주주의적 자유의 유혹에 빠지지 말고, 단 하나의 진정한 자유, 즉 정부로부터 자유로운 새로운 사회 형식을 만들어내야 한다고 편지에 쓴다.[9]

편지를 보낸 최초의 중국인 장즈동에게 쓴 톨스토이의 답장은 중국에 대한 그의 입장을 대변하는 것으로, 1906년 9월 13일 그가 써서 세계적으로 유명해진 논문 「중국인에게 보내는 편지」(이하 「편지」)도 그 연속선상에 놓인다.

1906년 3월 톨스토이는 상하이의 러시아 총영사 브

로잔스키L. Brodjanskij를 통해 중국의 학자이자 정치인인 구홍밍이 보낸 책 두 권과 편지를 받는다. 「편지」는 구홍밍의 편지에 대한 답장의 형식을 취하지만, 중국인 전체를 수신인으로 두고 서구 제국주의의 위협 아래 놓인 중국이 나아가야 할 바를 밝힌 일종의 메니페스토라고 할 수 있다.

구홍밍이 톨스토이에게 보낸 두 권의 책은 『존왕편尊王篇, Papers from viceroy's Yamen』과 『러일전쟁의 도덕적 원인The Moral Cause of the Russo-Japanese War』이었다. 전자는 동양에 대한 유럽의 식민정책을 비판한 것이고, 후자는 러일전쟁을 타락한 서구 문명과 도덕적 기원에 기반한 독창적인 동양 문화 사이의 '문화 전쟁'으로 규명한 책이다. 구홍밍은 두 책에서 급속한 산업화, 군이나 교육, 농업 등의 근대화, 과학과 기술의 선진화를 통한 중국의 근본적 사회개혁을 주장한다.[10]

장즈동이 보낸 량치차오의 책이나 구홍밍에게서 드러나는 개혁을 향한 열망은 아편전쟁, 청불전쟁, 청일전쟁 등 서구나 일본의 제국주의적 침탈 앞에 전통적 중화주의가 뿌리째 흔들리고 국본國本이 위협당하는 상황에서 중국 지식인들이 느껴야 했던 위기감이 반영된 것이라 할

176

수 있다.

톨스토이는 위대한 노자의 나라 중국이 서구 열강의 위협 아래 고통당하는 것에 누구보다 깊은 연민을 느꼈다. 「편지」는 제국주의와 식민주의에 대한 통렬한 비판으로 시작한다. 톨스토이는 이 야만적인 폭력에 종지부를 찍을 위대한 변혁의 시대가 다가왔음을 알린다. 그리고 이 변혁 과정에서 중국은 동양 민중의 선두에 서서 최초의 역할을 수행할 사명을 가진다.

중국, 페르시아, 터키, 인도, 러시아, 그리고 어쩌면 일본 같은 동양 민중의 임무는 사람들에게 자유로 향하는 진실한 길을 보여주는 데 있습니다. 당신이 책에서 쓰신 것처럼 그 길을 중국어로 표현하자면 도 외의 다른 단어는 없다고 생각합니다. … 예수의 가르침에 따르면 자유는 똑같은 길에 의해 실현됩니다. "진리를 알라, 그러면 진리가 너희를 자유롭게 하리라"고 거기 쓰여 있습니다. 서구 민중이 거의 완전히 잃어버린 이 자유를 실현시킬 소명은 이제 동양 민중들에게 있다고 저는 생각합니다. (「중국인에게 보내는 편지」, 36:292)[11]

하지만 톨스토이는 이런 변혁이 최근 중국에 불고 있는 사회개혁의 바람으로는 실현될 수 없다고 말한다. 구홍밍의 주장도 마찬가지다. 전제 정부를 대의제 정부로 바꾸고, 현대화된 군을 양성하고, 산업을 발전시키는 등, 유럽의 길을 따르는 것은 변혁이 아니라 파멸로 가는 지름길이다. 왜 제국의 폭력에 신음하며 제국의 길을 가려 하는가? 톨스토이는 '악의 결과와 싸우지 말고 악의 근원과 싸우라'고 말한다. 중국 전제 정부든, 유럽 제국 정부든 모든 악의 근원은 오직 국가와 정부가 존재하는 데서 나온다. 그럼 무엇을 해야 하는가? 톨스토이는 충고한다.

> 당신을 짓누르는 당신 나라 정부의 폭력에도 복종하지 말고, 다른 나라 권력의 폭력에도 동조하지 마십시오. 사적으로나 공적으로나 그들에게 봉사하지 마시고, 병역에도 가담하지 마십시오, 그러면 당신을 고통스럽게 하는 그 모든 불행은 사라질 것입니다. (「중국인에게 보내는 편지」, 36:298)

톨스토이는 중국 정부든 제국 정부든 국가가 가하는 폭력에 힘으로 저항하지 말되, 절대 거기 동조하지 말며,

그렇게 삶의 이성적 길을 따름으로써 얻어지는 자유를 유지하는 것이 바로 도에 다름 아니라고 역설한다. 중국인에게 이것은 결코 어렵지 않다. 왜냐면 유교, 도교, 불교와 같은 그들 고유의 빛나는 전통 속에 폭력에서 벗어날 자유의 길이 이미 존재하기 때문이다. 변화의 길은 외부를 모방하는 데 있는 것이 아니라, 중국 민중의 지혜로운 전통 속에 이미 존재하는 것이다.

> 중국인들은 예전에 살던 것처럼 계속 살면 됩니다. 유교, 도교, 불교 같은 자신들의 세 가지 종교의 근본에 따라 행동하고, 평화롭게 노동을 사랑하며 땅을 일구던 삶을 말입니다. 세 종교는 모든 인간의 권력으로부터의 해방(유교), 자기가 원치 않은 일을 남에게도 하지 않는 무위(도교), 모든 인간, 모든 존재에 대한 사랑과 겸손과 절제(불교)로 그 근본에서 만납니다. 그럼 지금 중국인들을 고통스럽게 하는 모든 불행이 저절로 사라질 것이고 어떤 힘도 그들을 정복하지 못할 겁니다. (「중국인에게 보내는 편지」, 36:299)

「힌두인에게 보내는 편지」와 마찬가지로 톨스토이의 이 「편지」 역시 중국인의 언어로는 도의 법칙, 기독교인의 언어로는 사랑의 법칙에 따르는 종교적 각성을 촉구한다. 동시에 그런 종교적 실천의 구체적인 방법으로는 병역 거부, 납세 거부, 준법 거부와 같은 급진적인 반국가 행위를 강조한다. 이는 두 「편지」에서 톨스토이가 강력히 비판하고 있는 제국주의, 식민주의의 뿌리가 국가주의에 있다고 보기 때문이다.

그의 이런 반국가 사상은 실제 당대 중국의 혁명적 아나키스트에게 깊은 영향을 미쳤다. 이는 톨스토이의 이 「편지」가 신해혁명 전 중국의 초기 아나키즘을 대표하던 '신세기新世紀파'와 '천의天義파'의 기관지 모두에 실렸다는 점에서도 잘 드러난다. 특히 후자를 대표하는 류스페이劉師培는 이 편지를 두 차례에 걸쳐 기관지 〈천의보天義報〉에 실었다.

류스페이는 중국 미래의 길을 고유한 전통에서 찾으라는 톨스토이의 가르침을 접하면서 국학에 기초한 자신의 아나키즘에 더욱 확신을 갖게 되었다고 한다. 파리를 거점으로 활동한 신세기파가 철저한 반전통의 입장을 보인 것과 달리, 류스페이의 아나키즘이 중국 전통과 소통하는 경향을 보인 것은 톨스토이와 무관하지 않다.

특히 천의파가 일본 동경을 거점으로 일본의 대표적

아나키스트 고토쿠 슈스이의 절대적 영향력 아래 있었고, 고토쿠가 톨스토이의 사상에 크게 공명하고 있었다는 점을 감안하면, 류스페이와 중국 초기 아나키스트들에 대한 톨스토이의 영향을 가늠할 수 있을 것이다.[12]

그 외에도 톨스토이는 (1919년 중국에서 일어난 반제, 반봉건 혁명인) 5.4 운동 후 본격화된 중국 신문학운동의 기수들, 즉 루쉰魯迅, 바진巴金, 마오둔茅盾, 취추바이瞿秋白에게도 널리 알려졌다. 특히 러일전쟁을 계기로 의학도에서 문학도로 변신한 루쉰은 당시 중국 작가들에게 평화사랑의 화신으로 받아들여진 톨스토이로부터 지속적인 영향을 받았다.

루쉰이 톨스토이의 저술보다 그에 대한 러시아 사회주의자 플레하노프G. Plekhanov, 루나찰스키A. Lunacharskij의 비평을 주로 번역했다는 점이 보여주듯이, 그는 기본적으로 레닌 식의 톨스토이 이해를 공유했다. 따라서 톨스토이의 비폭력 무저항주의에는 동의하지 않았다. 하지만 루쉰은 차르 체제하 러시아에서 톨스토이의 박애주의적 호소가 금지되는 상황을 안타깝게 여기고, 착취에 대항한 그의 호소나 반군사주의에 특별한 공감을 표했다. 특히 박애주의 사상을 표현해내는 작가로서의 재능에 큰 경의를

톨스토이에게 영향을 받은 중국의 문학가 루쉰(좌)과 바진(우)

표하며, 많은 논문과 강연 등에 톨스토이를 인용하고 참조했다.

한편, 바진은 톨스토이의 전기, 그의 인생 역정을 세심히 연구하며 평생 톨스토이와의 정신적 교감 속에 창작 활동을 이어갔다. 특히 그의 대표작『격류삼부곡激流三部曲』, 그중에서도 제1부『집家』은『부활』을 읽고 충격을 받아 쓴 것이라 전해진다. 마오둔은 톨스토이의 단편소설을 다수 번역해 당대 유명잡지인 〈신청년〉에 실었고, 취추바이는 야스나야 폴랴나로 톨스토이를 방문한 첫 번째 중국인이 었다. 그 외 차오잉草嬰은 1978년부터 20년간 톨스토이의 모든 작품을 혼자 번역해 12권짜리 전집을 중국어로 출판했고, 그 공로로 러시아 작가동맹으로부터 고리키 훈장을 받았다.

2014년 9월 북경 중국국립박물관에서 〈톨스토이와 그의 시대〉라는 제목의 특별기획전이 성황리에 개최되었다. 또, 2023년 8월 상하이 역사박물관은 모스크바 국립톨스토이박물관과 함께 2024년부터 2년간 중국 여러 도시에서 톨스토이 순회 전시회를 개최하기로 결정했다. 이 모두는 100년 넘게 간직되어 온 중국인의 톨스토이 사랑을 잘 보여준다.[13]

7장

=====+++++++++=

톨스토이와 일본

톨스토이와 근대 일본 반전평화주의

'톨스토이 사랑'에 있어 아시아의 어떤 나라도 감히 일본을 넘보지 못한다. 톨스토이 수용의 역사, 관심의 깊이와 지속성, 번역이나 출판의 양적·질적 수준, 학술연구의 다양성과 깊이 등 여러 지표에 있어 그러하다. "러시아를 제외한 그 어디에서도 일본에서처럼 톨스토이의 작품들이 그만큼 재판再版되지는 않았을 것"이며 "일본은 전 세계 톨스토이학에서 제일 중요한 지위 중의 하나를 점하고 있다"는 단언들이 이를 보여준다.[1]

메이지유신 이후 일본에서는 당시 유럽의 내로라하는 작가들이 거의 빠짐없이 소개되었다. 일본의 문학 연구자 오타 사부로太田三郎는 이 작가들 중 일본에 고정적인 독자층을 확보하고 있으며, 그 영향력이 매우 크고 지속적이어서 외국 작가라기보다 거의 일본인 작가나 다름없이 인식되는 사람 1위로 톨스토이를 꼽았다. 톨스토이에 대한 일본 독자의 견고한 관심은 문학적 취향이나 수요 변화를 초월한, 어떤 항상적인 요소를 갖고 있다는 것이다.[2]

특히 톨스토이의 인기는 그가 일본에 처음 수용되던 시기 '톨스토이 붐'이라 일컬어질 정도로 폭발적이었다. 실제로 1886년 일본에 톨스토이가 처음 번역된 후, 이미 1920년대에 그의 주요 작품 대부분이 번역되었고, 각각 13권, 14권, 61권으로 이루어진 세 종의 선집 출판까지 완료된다. 1920년대 말에 이르면 러시아어를 직역한 22권짜리 톨스토이 총서가 일본의 유명 출판사인 이와나미岩波에서 발행되기 시작한다.[3]

수용 초기 톨스토이가 일본에서 이토록 선풍적인 인기를 끌었던 데는 두 가지 계기가 있다. 하나는 러일전쟁과 그의 반전론, 다른 하나는 소설 『부활』과 관련된다. 후자부터 살펴보자.

1914년 일본의 극작가이자 연출가인 시마무라 호게쓰島村抱月가 올린 연극 〈부활〉이 대성공을 거두면서 톨스토이의 이름이 널리 알려진다. 이후 4년간 〈부활〉은 일본 국내에서 444회 공연되었고, 한국과 중국, 블라디보스토크

등에서 해외 공연도 이루어진다. (한국의 경우, 1915년 시마무라 극단의 내한 공연이 이루어지고, 그다음 해인 1916년 이를 바탕으로 한국 극단 '예성좌'가 〈카츄샤〉라는 제목의 5막극을 초연한다. 한국에서 '검은 눈의 카추샤'가 널리 알려진 것은 이러한 과정을 통해서다.)

특히 공연 중 여주인공 카추샤 역을 맡은 마쓰이 스마코^{松井須磨子}가 부른 '카츄샤의 노래'가 레코드판으로 제작, 보급되며 엄청난 인기를 끈다. 톨스토이 번역가로 유명한 우치다 로안^{內田魯庵}의 표현에 따르면, 일본 엔카의 원조라 불리는 이 노래가 일본 방방곡곡 울려 퍼져 카추샤라는 이름을 모르는 사람이 없을 정도가 된다.

일본 여성들은 카추샤의 헤어스타일을 따라 했고, 그 이름을 딴 머리핀과 빗, 반지가 불티나게 팔리고, 카추샤 놀이도 생겨났으며, 젊은이들 사이에는 톨스토이 책이 최고의 선물 품목이 된다. 이 열풍은 당대 풍속사를 구성하는 빠뜨릴 수 없는 세목으로, 카추샤와 더불어 톨스토이가 일본인의 세태와 일상 속에 깊이 들어왔음을 보여준다.[4]

톨스토이의 대중화라는 측면에서 연극 〈부활〉의 공을 부정할 수 없다. 하지만 "연극을 통해 사회제도에 대한 톨스토이의 비판 사상을 보여준다는 것이 불가능하기에, 네

흘류도프와 카추샤의 사랑만을 테마로 다루었다"는 연출가의 술회에서 드러나듯이, 공연 〈부활〉은 비련의 여인 카추샤와 귀족 나리의 운명적인 사랑에 초점을 맞춘, 다분히 통속화된 신파극이었다.[5]

톨스토이를 보다 온전한 형태로, 또 보다 폭발력 있는 이름으로 일본 지성사와 긴밀하게 결합시킨 계기는 그의 러일전쟁론, 그리고 그 근간이 되는 평화사상이었다. 톨스토이가 일본에서 작가로서보다 단연 사상가로 받아들여진 이유도 여기에서 찾을 수 있다. 교토대 교수 야마무로 신이치山室信一의 주장처럼 러일전쟁 당시 "비전론과 관련해 일본인에게 가장 커다란 영향을 준 사람은 톨스토이였다."[6]

러일전쟁은 제국으로의 도약을 열광하는 쪽이건, 그 침략적 망상을 규탄하는 쪽이건, 일본인 모두에게 미래의 운명이 걸린 일대 사건으로 받아들여졌다. 청일전쟁의 승리로 한껏 고취되어 '이번엔 러시아'라며 너나없이 애국적 광기를 분출하던 그때, 전쟁 반대는 결코 주류적인 입장이 아니었다.

그럼에도 이 시기 일본에는 우치무라 간조, 아베 이소오, 고토쿠 슈스이, 도쿠토미 로카 등으로 대표되는 비전

非戰, 염전厭戰, 반전反戰의 목소리가 뚜렷이 존재했다. 바로 이들이 근대 일본 반전평화주의의 원류를 이룬 사람들이다. 이들의 공통점은 톨스토이의 평화사상, 특히 러일전쟁과 관련해 그가 제출한 비전론 「회개하라!」에 큰 영향을 받았다는 점이다.

우치무라 간조는 기독교 신앙에 기반한 무교회주의, 절대평화주의를 주장한 인물로, 그 누구보다 톨스토이 사상에 가까웠다. 아베 이소오와 고토쿠 슈스이는 1901년 일본 최초로 사회민주당을 결성한 사회주의자였다. '일본 사회주의의 아버지' 아베 이소오는 기독교 사회주의를 대표하는 인물로, 톨스토이와의 서신교환으로 잘 알려져 있다. 일본 최초로 마르크스의 「공산당 선언」을 번역한 고토쿠 슈스이는 이후 아나키스트로 변모해, 1910년 천황 암살 모의와 관련된 이른바 '대역 사건'으로 체포돼 처형당했다. 그는 톨스토이의 「회개하라!」의 출판과 비평에 깊숙이 관여한 사람이다.

한편, '일본의 톨스토이'라 불리는 도쿠토미 로카는 1897년 일본 최초로 톨스토이 전기를 출판한 인물이다. 1906년 6월 야스나야 폴랴나를 방문해 톨스토이를 직접 만나기도 했다. 로카가 1906년 1월 21일 톨스토이에게 쓴

편지는 당시 일본에서 톨스토이의 위상이 어떠했는지 잘
말해준다.

친애하는 스승님, 일본에는 당신을 숭배하는 사람이 많고,
그 수가 날로 늘어간다는 것을 알려드립니다. 당신의 삶과
당신의 작품이 우리나라 지식인, 특히 젊은이들에게 큰 영
향을 미쳤습니다. 우리는 지금 혁명을 겪고 있는 러시아에
진심으로 공감합니다. 일본 역시 갖가지 개혁에 직면해 있
으니까요. 일본은 정신의 부활의 과정을 견뎌야겠지요. 새
로운 러시아와 새로운 일본의 탄생을 위해 기도드립니다.[7]

톨스토이는 특히 일본 반전평화운동에 큰 영향을 미쳤
다. 1903년 10월 20일 동경에서 열린 한 반전 행사에 대
한 신문보도가 이를 잘 보여준다.

600명 이상의 평화 지지자들이 모인 야간 집회 행사장에
서 니시카와 코지로는 톨스토이와의 완전한 연대를 표명
하고 나서 집회 참석자들에게 톨스토이의 반전 발언을 소
개했다. 그의 연설은 뜨거운 불길 같았고 그의 목소리는
맹렬한 화염 속에서 어린 대나무가 쪼개지는 소리처럼 들

렸다. 그는 결론으로 병역 의무를 거부한 러시아의 두호보르이에 대해서 이야기했고, 이는 청중들에게 강력한 인상을 심어 주었다. (〈헤이민신문〉 1903.10.20)[8]

앞서 열거한 일본 평화주의자들은 톨스토이의 반전사상이나 비폭력주의는 물론, 반국가, 반소유, 반애국, 반제국 등을 고루 포괄하는 그의 사상 전반에 대해 상세히 알고 있었다. 도쿠토미 로카는 일본의 톨스토이 수용에 결정적 영향을 미친 전기 『톨스토이ﾄﾙｽﾄｲ』에서 "옹이 큰 인물인 것은 문학가로서가 아니라 철인哲人으로서다. 옹이 서구에 알려진 것은 문호로서의 저작보다는 오히려 후반생의 저작에 의해서다"라며 참회 이후 사상가 톨스토이의 위대함을 역설한다.

이어 그는 톨스토이 사상의 핵심을 다음과 같이 요약한다. "조세는 납부하는 것이 아니다, 국가나 정부 따위는 없어도 되는 것이다, 전쟁은 대죄악이므로 병역에 복무할 의무는 없다, 토지는 공유로 해야 하는 것, 사해가 모두 일가인 동포이므로 국경의 구별은 무용지물", "애국심과 기독교는 양립할 수 없음을 논하는 목소리가 여기에서 나온다."[9]

한편 이들은 톨스토이의 평화주의가 '원수를 내 몸같이 사랑하라', '악에 악으로 저항하지 말라'는 기독교 윤리에 기반한다는 점, 또 이 종교적 원리가 어떻게 계급철폐, 제도개혁과 같은 급진적 요구와 결합될 수 있는지를 설득력 있게 전달하고자 했다. 아베 이소오가 톨스토이의 『나의 신앙』을 소개한 아래 논문이 이를 잘 보여준다.

그는 사해형제의 대의를 실행함에 있어 '악에 적대하지 말라'는 소극적인 교훈과 '적을 사랑하라'고 하는 적극적인 교훈을 씨실과 날실로 삼아 간단하면서도 명백하고 직접적이면서도 준열한 신종교…를 요구하는 것을 확신했다. 그는 '악에 적대하지 말라'는 교훈을 엄수하기 때문에 절대적 비전론을 주창한다. 그는 '적을 사랑하라'는 교훈 속에 인류적 계급적 구별을 박멸해야 한다는 뜻을 담고 있음을 믿기에, 또한 계급적인 구별은 대개는 통치자와 피통치자, 관리와 비관리와 같은 인위적인 제도에서 생겨난 것임을 알기에, 그는 열심히 노동의 필요를 설파하고 인민 다수를 점하는 노동자를 위하여 크게 기염을 토했다. (아베 이소오, 「톨스토이 백작의 종교 トルストイ伯の宗教」)[10]

「회개하라!」: 톨스토이의 러일전쟁론

톨스토이는 일본에 처음 소개될 때부터 작가로서만이 아니라, 급진적 사회개혁론을 포함하는 종교사상가, 평화운동가로 받아들여졌다. 러일전쟁 발발 이전, 이미 일본의 반전평화주의자들은 톨스토이 평화사상의 본질을 꿰뚫고 이를 자신의 이념과 결합해 실천해 나갔다.

한때 청일전쟁을 동양평화를 위한 의로운 전쟁으로 받아들였던 우치무라 간조는 1903년 「전쟁폐지론戰爭廃止論」을 통해 완전한 반전주의자로 전환한다. 그는 러일전쟁 개전을 두고 주전론과 비전론으로 나뉘어 대립하던 일본에서 확고한 비전론자로 자신을 세운다. 「전쟁폐지론」 외에도 이후 그는 「평화의 복음: 절대적 비전주의平和の福音: 絶対的非戦主義」(1903), 「비전론자가 된 이유余が非戦論者となりし由

來」(1904), 「비전론의 원리非戰論の原理」(1908) 등의 글을 통해 자신의 입장을 개진한다.

그의 절대비전주의에 톨스토이의 절대평화주의, 무조건적 비폭력주의가 큰 영향을 미쳤음은 주지의 사실이다. 그는 "평화를 위한 전쟁이라고 하는 것은 한 번도 경험한 일이 없습니다. 청일전쟁은 그 명분은 동양평화를 위함이었습니다. 그래서 그 전쟁은 더욱 커다란 러일전쟁을 만들어냈습니다. 러일전쟁도 그 명분이 동양평화를 위한 것이었습니다. 따라서 이 또한 더욱 커다란 동양평화를 위한 전쟁을 만들 것이라고 생각합니다"라고 말하며, 주전론자의 '평화를 위한 전쟁'이라는 상투적인 기만을 폭로한다.[11]

우치무라 간조가 기독교 평화주의의 입장을 대변한다면, 고토쿠 슈스이는 사회주의 노선에 따른 평화주의를 대표한다. 특히 그는 레닌의 제국주의론보다 15년이나 앞섰다고 평가되는 명저 『20세기의 괴물 제국주의廿世紀之怪物帝國主義』(1901)로 널리 알려졌다.

책은 애국주의와 군국주의의 결합인 제국주의를 세계주의와 사회주의의 결합을 통해 극복해야 한다고 역설한다. 책의 서두에서 그는 "전편의 논지는 서구 지식인들이 일찍이 충고하여 널리 알려진 바다. 그리고 지금은 톨스토이, 졸라, 존 몰리, 베벨, 브라이언이 가장 앞에 서 있다"고 적어 톨스토이를 높이 평가하고 있다. 또 「소위전쟁문학所謂戰爭文學」이라는 글에서는 "지금 우리 문단은 백 명의 키플링이 필요한 것이 아니라, 한 사람의 톨스토이를 갈망한다"고 쓰기도 했다.[12]

고토쿠 슈스이는 1903년 사카이 도시히코堺利彦, 아베 이소오, 니시카와 코지로西川光二郎, 가타야마 센片山潛 등과 함께 사회주의자의 모임인 '헤이민사平民社(평민사)'를 발족하고, 같은 해 11월 15일 기관지인 〈헤이민신문平民新聞〉을 창간한다. 헤이민사와 〈헤이민신문〉을 중심으로 일본 최초의 본격적인 반전 활동이 시작된다. 톨스토이의 「회개하라!」를 번역, 게재한 사람이 바로 고토쿠 슈스이고, 그 글이 실린 곳이 〈헤이민신문〉이다.[13]

고토쿠 슈스이는 1904년 6월 27일 〈런던타임스〉에 실린 톨스토이의 「회개하라!」의 원문을 동경 〈아사히신문〉 기자인 스기무라 소진칸杉村楚人冠에게 얻어 사카이 도시히코와 함께 3일 밤낮을 새워 번역한다. 이 번역문은 1904년 8월 7일 〈헤이민신문〉 39호에 「톨스토이옹의 일러전쟁론トルストイ翁の日露戰爭論」이라는 제목 아래 '그 평화

주의, 박애주의의 입각점으로부터 일반 전쟁의 죄악과 참해를 말한 대작웅편'이라는 평과 함께 게재된다.[14]

처음에 톨스토이의 러일전쟁론이 〈런던타임스〉에 실리자, 일본의 거의 모든 언론이 일제히 주목했다. 전쟁 상대국의 거물이 외치는, 더구나 반전론이니만큼 어찌 흥미롭지 않을 수 있겠는가. 이 글을 완역해 실은 〈헤이민신문〉은 날개 돋친 듯 팔려나갔다. 초판 발행 부수가 5천 부 정도였던 〈헤이민신문〉은 해당 호 부수를 두 배로 늘리고, 톨스토이의 글만을 따로 소책자 형태로 판매했다. 김려춘은 톨스토이의 글이 실린 〈헤이민신문〉이 일본의 반전 사회주의 운동사에 기념비적인 중요성을 갖는다고 평가한다.[15]

톨스토이의 반전론이 일본 각계각층에 일으킨 반응은 실로 뜨거웠다. 먼저 주전론자들은 톨스토이의 글이 일본 내 반전 여론에 심대한 영향을 미칠 것을 우려해 이를 차단하고 나섰다. 작가 구로이와 루이코黒岩涙香는 한 강연에서 "오늘날 전쟁에 반대하여 나서고, 군대를 불명예스럽게 만들고, 인민의 애국적 감정을 교란시키려고 하는 자들이 있다. 이들은 러시아 작가 톨스토이와 우리나라의 사회주의자들이다. … 톨스토이의 논문은 사견에 지나지 않는바, 사건을 권위 있는 것으로 여겨서는 안 된다"고 목

소리를 높였다.[16]

　반면 일본의 진보적 지식인이자 저명한 사회평론가인 사이토 신사쿠斎藤信策는 「톨스토이의 일러전쟁론을 읽고 나서 현대 문명 앞에 놓인 그의 사명을 생각한다トルストイの日露戦争論を読みて現代の文明に対する彼が指命を懐う」(1904) 등의 글을 통해 "톨스토이의 사명은 잃어버린 영성을 되돌려 인간의 위대함을 복원시키는 데 있다"고 주장한다. 그는 "톨스토이의 목소리는 국가의 압제에 억눌린 전 세계 평민들의 신음 소리"고, "러시아의 진정한 위대함은 용기 있는 진리 탐구자 톨스토이를 갖고 있다는 데 있으며, 군사적 성공에 흠뻑 취한 일본은 톨스토이 같은 자신들의 예언자를 갖고 있지 못하다는 사실에 비애를 느낀다"고 결론짓는다.[17]

헤이민사에서 발행한 『톨스토이옹의 일러전쟁론』(1904.8.7)

　또 반전 시인인 우쓰미 노부유키內海信之는 톨스토이의 비전론을 읽은 감격을 시 「오로라北光」를 통해, 야마구치 고켄山口孤劍은 시 「톨스토

이「トルストイ」를 통해 다음과 같이 노래한다.

나라와 나라가, 대지를 그어 서로 노려본다고 해도
사상의 관계가 끊길 수 있으랴
탁연卓然하게 작은 승패를 초월하니
경앙敬仰의 생각이 멀리 그대와 통하네. (「오로라」 중)[18]

눈물의 실로
사랑의 책이 짜졌다.
그의 성스러운 불에 하늘이 사로잡혔다.
들여다보아라! 슬픔의 가을이 유럽을 덮어버려,
석양의 빛은 창백하다.
노란 먼지가루가 가파른 해안을 갉아먹고,
바위절벽은 굳어버린 호수를 베어버렸다.
허연 턱수염을 한 위대한 노인이 회초리를 치켜들었고
그의 호소가 들려온다.
"반성하라! 사람들이여!" (「톨스토이」 중)[19]

톨스토이의 러일전쟁론이 불러일으킨 가장 아름다운
반향은 아마도 요사노 아키코与謝野晶子의 유명한 반전 시

「그대여, 죽지 말지어다 君死にたまふことなかれ」일 것이다.

아, 동생이여, 그대 생각에 눈물짓는다
그대여 죽지 말지어다
그대 막내로 태어나 부모님 사랑 남달랐으니
부모님 손에 칼 쥐여주며
사람을 죽이라고 가르치셨더냐
사람 죽이고 너 죽으라고 스물네 살까지 길러주셨더냐

사카이 상인의 전통 자랑하는 주인으로서
부모님 이름 이어받을 그대이거늘
그대여 죽지 말지어다
뤼순이 함락되든
그렇지 않든 무슨 소용이랴
그대는 알 게다
상인 집안의 가르침에 사람 죽이라는 말은
없다는 것을

그대여 죽지 말지어다
천황 스스로 싸우러 나가지는 않을 터

서로 피를 흘리며
짐승처럼 죽으라니
죽는 것을 명예로 알라니
사려 깊으신 천황이라면
대체 어찌 생각하시는지요?

아, 내 동생, 그대여 싸우다 죽지 말지어다
작년 가을 아버님 여의신 어머님은
목 놓아 한탄하며
자식을 보내놓고 집안을 보살피시니
다들 좋다 하는 메이지 세상
어머님의 흰머리는 늘어만 가네

포렴 뒤에 숨어 흐느끼는
가녀린 새색시를
그대여 잊지 마오, 기억하고
열 달도 채 못 있다가 헤어진
새색시의 심정을 헤아려보라
이 세상 단 하나뿐인 그대일지니
그 누구를 의지한단 말인가

그대여 죽지 말지어다. (『명성明星』 1904년 9월호)[20]

　26세의 젊은 여류시인이 뤼순항 포위 작전에 참여한 동생의 안위를 염려하며 쓴 이 시는 전쟁을 예찬하고 참전을 독려하는 소위 '전쟁문학'이 판을 치던 시기 센세이션을 불러일으켰다. '일본 반전문학의 불멸의 기념비'라 불리는 이 시가 톨스토이의 「회개하라!」에 대한 시적 응답이었다는 것은 당대와 후대의 여러 비평가들이 한결같이 지적한 바다.

　특히 '뤼순이 함락되든 그렇지 않든 무슨 소용이랴', '천황 스스로 싸우러 나가지는 않을 터' 등의 구절은 톨스토이의 「회개하라!」에 나오는 구절과 일치한다. ('뤼순이 러시아의 것인지, 일본의 것인지, 중국의 것인지 그게 다 무슨 소용인가', '러시아의 차르와 일본 천황이여, 그대들 스스로 저 포탄과 총탄 아래 서보라' 등.) 천황에 대한 비판을 감히 상상조차 할 수 없던 사회 분위기 속에서 나이 어린, 게다가 여성인 시인이 이처럼 대담한 발언을 할 수 있었던 것은 톨스토이의 영향을 배제하고는 달리 설명하기 힘들다.

　이 시가 당대에 불러일으킨 인상적인 효과는 한국에도 잘 알려진 일본 NHK의 인기 드라마 〈오싱おしん〉을 통해

서도 간접적으로 확인할 수 있다. 도둑 누명을 쓰고 주인 집에서 도망치다 산에 쓰러진 오싱을 구해준 준사쿠는 러일전쟁의 탈영병이었다. 그가 오싱에게 글을 가르쳐주는 대본으로 삼았던 것이 바로 이 시였다. 오싱은 '그대여 죽지 말지어다'를 읊조리며 일본어를 익힌다.

봄이 오고 날이 풀려 마을로 떠나는 오싱을 산 아래까지 배웅하던 준사쿠는 탈영병임이 탄로나 일본군의 총에 맞아 그 자리에서 숨진다. 얼마 후 탈영병 같은 대역죄인에게 글을 배운 오싱의 수상쩍은 과거를 추궁하는 또 다른 주인 앞에서 오싱은 '준사쿠는 나쁜 사람이 아니'라고, '사람이 사람을 죽이는 일이 나쁜 것이라고 했다'며 울음을 터트린다.

고토쿠 슈스이와 톨스토이의 논쟁

사회 각계각층에 큰 파장을 불러일으킨 톨스토이의 반전
론에 대해 정작 번역자인 고토쿠 슈스이는 다소 비판적인
태도를 취한다. 바로 여기서 그와 톨스토이, 보다 정확히
는 일본 사회주의자와 톨스토이 사이에 의도치 않은 이론
적 공방이 한차례 벌어진다.

고토쿠 슈스이는 「회개하라!」가 실린 지 일주일 후인
1904년 8월 14일 〈헤이민신문〉 40호에 「톨스토이옹의 비
전론을 평하다トルストイ翁の非戰論を評す」라는 논설을 싣는다.
물론 그는 "러시아 1억 3천만 명, 일본 4천만 명이 일찍
이 말로 표현할 수 없었던 것을 직언하고, 결코 묘사할 수
없었던 것을 직사直寫함에 있어 추호의 기탄도 없는 점"에
감탄하고 숭경해 마지않음을 표한다.[21] 극찬은 이어진다.

보라. 저 혼미한 소년 황제, 곡학하는 학자, 기만하는 외교가, 타락한 종교가, 선동하는 신문기자, 영리 추구에 목숨을 건 투기꾼, 불행한 다수 노동자의 참담한 고통, 그리고 대개 이들 전쟁의 해독과 죄악에서 생긴 사회 전체의 위험을 서술하는 데 옹과 같이 정치한 안광을 가진 사람이 누가 있었는가. 누가 글로써 그토록 유력한 사람이 있는가. 그토록 명확한 사람이 있는가. 그토록 대담한 사람이 있는가. 누가 그토록 진실을 추구하여 신의 경지에 다다를 수 있는 사람이 있겠는가. 그렇다. 이것이 어찌 우리 앞에 한 폭의 전시戰時 사회의 활화도活畫圖를 전개한 것이 아니겠는가. (「톨스토이 옹의 비전론을 평하다」, 350~351)

하지만 곧이어 그는 "옹이 전쟁의 죄악과 해독, 그로부터 발생하는 일반 사회의 위험을 통절히 외치는 것을 보고 감탄하고 숭경을 금치 못하지만, 앞으로 어떻게 해서 이 죄악, 해독, 위험을 막아야 할지라는 문제에 이르면, 나는 불행히도 옹과 의견을 달리한다"고 말한다(351~352).

그의 비판의 요점은 톨스토이가 전쟁의 원인을 진실한 종교를 잃은 데에 두고, 그 극복 방안을 이웃 사랑의 실천과 같은 기독교 교리의 회복에 둔다는 데 있다. 반면 사회주의자 고토쿠 슈스이는 전쟁의 원인을 '열강의 경제적 경쟁의 격심함'에 두고, 따라서 그 극복 방안도 '지금의 자본주의 제도를 전복시켜 사회주의 제도를 확립'하는 데서 찾는다. 그의 결론은 다음과 같다.

> 그런데도 요컨대 톨스토이 옹은 전쟁의 원인을 개인의 타락에 돌린다. 그리고 회개하라고 가르쳐서 그것을 구하고자 한다. 나의 사회주의는 전쟁의 원인을 경제적 경쟁으로 돌린다. 그러므로 경제적 경쟁을 폐기하여 그것을 막으려고 한다. 이것이 내가 전혀 옹을 따를 수 없는 이유다. (「톨스토이 옹의 비전론을 평하다」, 353)

한편, 톨스토이는 자신의 러일전쟁론이 일본에서 하나의 사건이 되고 있음을 잘 알고 있었다. 〈헤이민신문〉의 편집자 중 하나인 아베 이소오가 1904년 9월 4일 편지와 함께 자신들이 발행한 「회개하라!」의 단행본, 그리고 「일본에서 톨스토이의 영향Tolstoy's Influence in Japan」이라는 영문 기사가 실린 〈헤이민신문〉 두 호를 톨스토이에게 보냈기 때문이다. 아베의 편지에는 "우리는 사회주의자며 동시에 전쟁 반대자입니다. 전쟁에 반대하기 어려운 상황이지만,

우리는 박해에도 불구하고 할 수 있는 모든 것을 하고 있습니다"라는 내용이 담겨 있다.[22]

톨스토이는 같은 해 10월 23일 아베에게 답장을 보낸다. 편지에서 그는 일본에도 반전의 뜻을 함께하는 친구이자 동지가 있음을 알게 돼서 몹시 기쁘다고 말한다. 동시에 그 동지의 대부분이 '매우 취약하고 기만적이고 오류투성이인' 유럽 이론, 즉 사회주의에 근거하고 있어서 매우 유감이라는 뜻을 조심스럽게 전한다.

톨스토이는 사회주의가 인간의 본성 중에서도 가장 하찮은 물질적 행복의 만족을 목적으로 하기에 그것이 권하는 수단으로는 어떠한 목적도 달성할 수 없다고 충고한다. 인류의 진정한 행복은 정신적 행복에 있고, 이는 오로지 도덕적 자기완성을 통해서만 얻을 수 있다. 이 방법이 얼핏 사회주의 등의 이론보다 유효하지 않은 듯 보여도 결국 그것만이 유일하게 옳은 길이며, 사회주의는 이 방법의 실현을 방해할 뿐이라는 것이다.[23]

일본 사회주의에 대한 이런 입장의 밑바닥에는 서구식 근대화에 매진하는 일본을 향한 안타까움이 깔려 있다. 톨스토이는 기회가 있을 때마다 '유럽의 나쁜 점만 골라 배우는 일본'을 꾸짖었다. 「회개하라!」에도 '유럽의 모든 혐오스러운 것을 따라 하는 타락한 일본인', '살인을 배우고는 계몽을 얻었다고 착각하는 일본인' 등의 비판이 나온다.[24] 이 비판의 자장에는 일본의 침략적 제국주의만이 아니라, 사회주의도 포괄되는 것이다. 톨스토이가 자신의 일본 지지자들이 사회주의자라는 사실을 매우 아쉬워하는 모습은 그의 딸 알렉산드라의 회고나 주치의 마코비츠키의 회상록 등 여러 곳에 등장한다.

사회주의자로서 톨스토이를 준열히 비판했던 고토쿠는 이때까지만 해도 정작 자신이 불과 몇 년 후 마르크시즘과 결별하고 아나키즘으로 전향하게 되리라고는 상상하지 못했을 것이다. 톨스토이도 마찬가지다. 그의 아쉬움과 달리 정작 이 일본의 초기 사회주의자들이야말로 이웃 사랑과 무저항의 종교사상부터 과격한 반국가, 반사유反私有 이념까지 톨스토이의 '전모'를 누구보다 앞장서 일본에 알린 사람들이었다는 걸 당시 그가 정확히 이해할 수는 없었을 것이다.

실제로 톨스토이는 일본의 초기 사회주의 형성에 가장 강력한 영향을 끼친 사상적 기반이었다. 그 기관지 〈헤이민신문〉이 톨스토이에게 얼마나 깊은 관심을 갖고 있었는지가 이를 증명해준다. 〈헤이민신문〉은 「회개하라!」 외

에도「톨스토이의 문화에 대한 논설」,「무저항의 가르침」,「톨스토이와 크로포트킨」등 그와 관련된 많은 기사를 실었다. 가타야마 센은「일본 마르크시즘의 탄생과 발전의 문제에 대하여日本におけるマルクス主義の誕生と発展の問題によせて」라는 논문에서 "〈헤이민신문〉의 반전 프로파간다는 혁명적 마르크시즘의 노선이 아니라, 톨스토이의 편지가 끼친 영향력 아래의 평화주의 노선에 따랐다"고 평가했다.[25]

물론 이 시기 일본에는 사회주의자뿐만 아니라, 다른 많은 유형의 톨스토이 지지자들이 있었다. 우선 앞서 설명한 바 있듯이, 고토쿠와 일정 부분 활동을 공유했지만 사회주의와 확실히 거리를 뒀던 기독교 평화주의자 우치무라 간조가 있었다. 또 톨스토이가 사귄 최초의 일본인이자, 함께 노자의『도덕경』을 번역한 신학자 코니시 마스타로가 있었고, 무엇보다 '일본의 톨스토이' 도쿠토미 로카가 있었다.

『불여귀不如歸』(1898)라는 소설로 유명한 작가 로카는 러일전쟁이 끝난 1906년 6월 톨스토이의 영지를 방문한다. 5일간의 방문이 끝났을 때 로카는 열렬한 톨스토이주의자가 되어 있었다. 불가피한 전쟁도 있을 수 있다고 생각했던 그는 톨스토이와의 만남 이후 완전한 반전주의자로 변모했다. 귀국 후에는 동경 근처 시골에 땅을 사 직접 농사를 짓고 톨스토이의 보편적 형제애를 실천하며 살았다. '일본판 톨스토이 공동체'라 할 수 있는 이곳에 많은 이들이 모여들었고, 이런 삶의 실천은 일본에 톨스토이주의가 퍼지는 데 큰 역할을 했다.[26]

흥미롭게도 윤동주 시인의 도시샤대학 선배이기도 했던 로카는 이광수의 일본인 양아버지이자 '일본의 괴벨스'라 불리는 도쿠토미 소호德富蘇峰의 친동생이기도 했다. 더 흥미로운 점은 소호 역시 1896년, 동생 로카보다 10년 먼저 톨스토이를 직접 방문해 만났다는 점이다. 당시 소호가 경영하던 출판사 민우사民友社에서 유럽의 대표 지성인의 책을 시리즈로 출판하고 있었는데, 이 기획의 일환으로 소호 역시 톨스토이를 방문했던 것이다. 소호에게 추천서를 써준 사람이 바로 톨스토이와 함께 노자의 『도덕경』을 번역한 코니시 마스타로다. 코니시가 번역한 톨스토이의 「크로이체르 소나타」가 소호의 출판사에서 나온 것이 인연이 되었다.

소호가 쓴 짤막한 방문기는 일본에서 큰 화제가 되어 톨스토이에 대한 관심을 불러일으키는 데 일조했고, 로카가 쓴 방문기도 『순례기행巡禮紀行』(1906)이라는 제목으로 출판되어 러시아에도 논문의 형태로 소개되었다. 논문에는 톨스토이의 딸 사샤(알렉산드라)가 끄는 마차를 함께 탄 톨스토이와 로카의 사진, 로카가 매년 톨스토이에게 보낸 연하장 등이 실려 있다. 『임꺽정』을 쓴 벽초 홍명희가 톨스토이를 알게 된 것도 바로 『순례기행』을 통해서다. 한편 소호와 로카 형제가 톨스토이에게 남긴 각기 다른 인상은 톨스토이의 일기, 아내에게 보낸 편지, 주변인들의 목격담에 생생하게 남아 있다.[27]

톨스토이 공동체는 1910년대 〈시라카바白樺〉라는 기관지를 중심으로 활동한 문학파를 통해서도 실현되었다. '자작나무'라는 뜻의 기관지 이름은 톨스토이와 이 그룹의 연관성을 암시하는데, 특히 이들은 톨스토이의 『부활』에 큰 영향을 받았다. 대표적 인물인 무샤노코지 사네아츠武者小路実篤는 큐슈의 미야자키현에 '아타라시키무라新しき村'(새마을)를, 아리시마 다케오有島武郎는 홋카이도에 '아리시마 농장'을 세워 공동체 생활과 창작활동을 병행하며 톨스토이의 가르침을 실천했다.[28]

키타미카도 지로北御門二郎 역시 일본을 대표하는 톨스토이주의자 목록에서 빼놓을 수 없는 이름이다. 1913년 부유한 지주 가문에서 태어나 동경대학교 영문학부를 다

1902년 12월 도쿠토미 로카가 톨스토이에게 보낸 연하장(위). 톨스토이 영지를 방문한 로카와 톨스토이의 모습(아래). 말을 모는 사람은 톨스토이의 막내딸 사샤(1906.6).

니던 그는 우연히 톨스토이를 접한 후 러시아어로 직접 작품을 읽기 위해 학교를 그만두고 무작정 하얼빈으로 떠난다. 그곳에서 러시아어를 배운 그는 일본으로 돌아와 큐슈의 섬마을에서 낮에는 농사를 짓고 밤에는 번역을 하며 '톨스토이처럼' 살았다. 제2차 세계대전 때는 톨스토이의 가르침에 따라 징집을 거부하기도 했다. 후에 그 경험을 담아 『한 징병거부자의 삶ある徴兵拒否者の歩み―トルストイに導かれて』이라는 책을 출판했는데, 부제는 '톨스토이에 이끌려'였다. 톨스토이 3대 소설인 『전쟁과 평화』, 『안나 카레니나』, 『부활』을 모두 번역, 출판한 그는 톨스토이의 모든 작품을 번역하는 것을 삶의 목표로 삼고 일본의 모든 가정에서 톨스토이가 읽힐 날을 꿈꾸며 살았다. '온 삶으로 한' 그의 번역은 지금도 일본 번역물의 걸작으로 남아 있다.[29]

8장

二二十十十十十十十二二

톨스토이와 한국

'현시대 대도사 톨스토이': 최남선의 톨스토이

인도나 중국, 일본과 달리 톨스토이와 근대 한국의 관계는 직접적이거나 양방향적인 것은 아니었다. 브라만교나 불교 등 인도의 고대종교, 공자, 맹자, 노자 등 중국 고대 철학, 또는 러일전쟁 같은 사건이 톨스토이에게 미친 영향에 비견될 만한 것은 없었다. 간디, 중국의 개혁적 지식인, 일본의 초기 평화주의자들과의 관계에서 발견되는 것만큼의 직접적인 교류도 없었다.

하지만 톨스토이가 한국의 존재를 잘 알고 깊은 관심을 가지고 있었으며, 편지 왕래나 방문 등 직접적 접촉은 없었어도 한국의 지식인들 역시 톨스토이에 비상한 관심을 갖고 그에게서 커다란 지적 자극을 받았던 것은 분명한 사실이다.

북한에서 태어나 소련 유학 후 러시아로 귀화해 대표적인 톨스토이학자가 된 김려춘은 『톨스토이와 동양』이라는 저작에서 '톨스토이와 한국'과 관련해 흥미로운 사실을 밝히고 있다. 청일전쟁과 러일전쟁을 계기로 아시아에 대한 관심이 한층 고조되던 때, 톨스토이가 제국 간 아귀다툼의 희생물로 한국에 주목하고 있었다는 것이다.

톨스토이는 청일전쟁 때 세계지도를 펴놓고 자녀들에게 조선의 위치를 알려주고 왜 이 전쟁이 일어났는지를 설명해주었다고 한다. 모스크바 국립톨스토이박물관에 보관되어 있는 이 지도는 2004년 12월 한러수교 120주년, 러시아 한인 이주 140주년을 맞아 서울에서 개최된 톨스토이 기획전 〈살아있는 톨스토이를 만나다〉에도 전시된 바 있다.

또 톨스토이의 주치의 마코비츠키의 회고록에서 "한국인은 동양적 의미에서 볼 때 대단히 문명한 국민이다"라는 톨스토이의 직접적 언급을 찾아볼 수 있다. 톨스토이는 서양의 제국주의적 침탈, 이를 이어받은 일본의 아시아 침략을 매우 강하게 비판하며, "핀란드, 인도, 폴란드, 한국을 러시아, 영국, 프러시아, 일본이란 이름을 가진 나라들에 병합시키기 위해 사납게 날뛰는 정치가들은 터무니없는 짓을 하는 미치광이"고, "한국의 지배자 이토는 타락한 무도無道의 인간"이라고 꼬집어 말했다. 한편 김려춘은 마코비츠키의 책에서 "아침에 한국인이 톨스토이를 방문했다"는 짧은 기록을 발견한다. 이날은 1910년 5월 30일로 톨스토이가 죽기 반년쯤 전이다.[1]

김려춘의 노력에도 불구하고 이 한국인이 누구인지는 아직까지 밝혀지지 않았다. 또 톨스토이가 어떤 의미에서 한국인을 '대단히 문명한 국민'이라고 말했는지도 정확히 알려진 바 없다. 단지 중국학자 구홍밍의 『러일전쟁의 도덕적 원인』이라는 책에서 얻은 인상이리라는 추측만 가능할 뿐이다. 따라서 현재까지 톨스토이와 한국의 관계는 근대 한국의 지식인들이 톨스토이에게 어떤 영향을 받았는지 조명하는 것이 유일한 방법이다.

∽

한국 근대문학, 특히 외국 문학의 수용이 압도적으로 일본의 영향 아래, 일본을 경유해 이루어졌음은 주지의 사실이다. 수용 초기 일본에서 톨스토이가 작가보다 사상가로 받아들여졌다는 점은 앞서 밝힌 바 있다. 한국의 경우는 그런 경향이 일본보다 훨씬 강했다. 사상가 톨스토이에 방점이 찍혀 있더라도 일본의 경우 톨스토이가 처음 소개된 것은 소설 『전쟁과 평화』를 통해서였고, 이미 1920년대에는 『부활』, 『안나 카레니나』, 「크로이체르 소나타」 등 주요 작품 대다수가 완역되고, 몇 종의 선집 출판까지 완료된 상태였다.

반면 한국의 경우 톨스토이가 본격 소개되기 시작한 1909년부터 1920년대까지 번역된 작품은 그가 교육 목적으로 쓴 후기 우화들(예를 들어, 「한 사람이 얼마나 땅이 있어야 하나」(1910), 「사람은 무엇으로 사느냐」(1925), 「바보 이반」(1926) 등)이 대부분이었다. 주요 예술작품의 번역은 거의 이뤄지지 않았고, 『전쟁과 평화』나 『안나 카레니나』 같은 대표작이 처음 번역된 것도 이로부터 30년이나 흐른 뒤였다.[2]

『부활』의 경우는 예외에 해당하는데, 1914년 최남선이 『갱생』이란 제목 아래 요약 소개본을 발표한 후, 1918년 박현환의 축약 번역본 『해당화: 갓쥬샤 애화 買珠謝 哀話』가 출판된다. 1922~1923년에는 우치다 로안의 일본어 완역을 저본으로 삼은 『부활』이 〈매일신보〉에 총 223회에 걸쳐 연재된다.[3]

이는 앞 장에서 언급한 것처럼, 일본에서 연극 〈부활〉

이 일으킨 선풍적 인기가 한국까지 파급된 결과다. 1915년 일본 시마무라 극단이 내한해 〈부활〉을 선보인 후, 한국 극단 '예성좌'가 〈카츄샤〉라는 제목의 5막극을 올린다. 그때 여장 배우 고수철이 막간에 부른 '카츄샤의 노래'가 이후 이애리수

박현환의 『해당화: 갓쥬샤 애화』(신문관, 1918)

의 노래로 널리 퍼지게 된다. 당시 이 노래가 한국에서 얼마나 유행했는지, '검은 눈의 카추샤'와 톨스토이가 얼마나 유명했는지는 다음 기사를 보면 알 수 있다. 다음은 1935년 11월 20일 〈매일신보〉의 톨스토이 서거 25주년 기념 특집에 작가 최상덕이 기고한 글이다.

나는 이인직을 알기 전에, 이광수를 알기 전에, 염상섭을 알기 전에, 김동인을 알기 전에, 최학송을 알기 전에, 톨스

토이를 알았다. 그리고 톨스토이를 알기 전에 카튜샤를 알았다. "갓주사, 내 사랑아, 이 이별을 어이해", 울타리 꽃이 일점이점 一點二點 미소를 던지는 담장 너머로 애연히 들려오는 마을 아가씨의 노래를 통하여 나는 '카튜샤'라는 여자를 알았다. (「갓주사와 나」 중)[4]

『부활』의 예외적 인기는 일본발 대유행의 영향인 동시에, 타락한 귀족의 참회와 갱생 같은 '교훈성 짙은 내용'이라는 점과 관련이 깊다. 반면 톨스토이를 대표하는 다른 예술 작품들, 예를 들어 『전쟁과 평화』는 1956년에, 『안나 카레니나』는 1959년에 와서야 번역이 이루어진다. 교훈적 우화 중심의 작품들, 즉 수용 초기 주로 소개된 작품과 21세기인 현재 소비되는 톨스토이의 작품 목록 사이에는 100여 년의 시간차를 무색하게 하는 유사성이 발견된다.

이렇게 근대 한국에서 톨스토이는 작가로서보다 설교자이자 사상가로 등장한다. 이는 톨스토이 소개가 당대를 대표하는 계몽적 지식인 최남선에 의해, 그리고 그가 창간한 최초의 근대적 계몽지 『소년』을 통해 본격적으로 주도되었다는 사실에서도 잘 드러난다.

사실 톨스토이가 한국에 제일 처음 소개된 것은 1906년

잡지 〈조양보〉 5호와 10호에 실린 「토루스토이 백(伯)의 아
국국회관俄國國會觀」과 「수감만록隨感漫錄」이라는 글을 통해
서다. 전자는 톨스토이의 러시아 의회(두마) 비판을 소개
하는 내용이고, 후자는 '세계 제1의 사상가'인 톨스토이가
공자나 맹자의 사상과 공명함을 주장하는 내용이다. 최초
이긴 하나 아직 톨스토이에 대한 본격적인 소개로 보기는
어렵다.[5]

한편 근대 한국의 미래 세대 양성을 목적으로 다양한
외국 문물과 사상을 소개하는 데 주력한 잡지 『소년』은
1909년 7월호와 1910년 12월호 두 호에 걸쳐 톨스토이
특집을 선보인다. 『소년』의 짧은 이력(1908년 11월~1911년
5월, 총 23호 발간)을 감안하면 이 잡지가 톨스토이에 부여
한 의미를 가늠할 수 있다.

1909년 7월호 특집은 '현세대의 최대 위인=그리스도
이후의 최대 인격'인 톨스토이의 환후가 위중함에 다급
한 마음으로 그의 위대한 사상을 알리기 위해 마련되었
고, 다음 해 12월호 특집은 그런 위인의 별세에 접해 이
를 통절히 곡哭하는 심정으로 꾸며졌다. 「현시대 대도사大
道師 톨스토이 선생의 교시: 노동역작의 복음」이라는 7월
호 기획 기사의 제목이나, 다소 수선스러운 상찬賞讚으로

시작된 서두는 톨스토이에 대한 최남선의 인식을 잘 보여 준다.

이주일 전쯤이라, 오인吾人의 가장 경악할 만하고 가장 우려할 만한 기별이 신문 지상에 게재됨이 있으니 그것은 무엇인고. 금시에 우리 인류를 하나도 남기기 않고 말끔 다 잡아먹을 무슨 동물이 화성 세계나 월궁으로서 내려왔단 말도 아니요, 금명간에 지구와 혜성이 충돌하여 편편 분쇄되리란 말도 아니라, 곧 현시대의 최대 위인=그리스도 이후의 최대 인격이라는 톨스토이 선생의 환후가 침중하시다 함이라.

톨스토이! 이것이 별것 아니라 자모음을 결합한 심상한 네 글자라. 그러나 한번 무엇 하고 불러볼 때에 대강 그의 사행事行을 아는 사람은 다 숭고하고 장엄한, 입으로 말하기도 어렵고 붓으로 그리기도 어려운 특별한 감동이 일어나지 않을 이 없으니 그는 무슨 까닭이뇨. 이에 우리는 아직 그의 사행을 모르는 사람을 위하여 현시대에 선생의 처지를 약술하겠노라. (「현시대 대도사 톨스토이 선생의 교시」, 5)[6]

최남선에게 톨스토이는 숭배의 염을 금할 수 없는, 예

수에 버금가는 위인이자 인격자로 묘사된다. 이 글에서 최남선은 사상가 톨스토이를 집중 조명한다. 『참회록』의 내용을 바탕으로, 톨스토이가 작가로서 문명文名을 날리다 허무를 깨닫고 인생의 의미를 궁구하던 중, 농민들이 천명에 순종하고 천분을 받아들여 열심히 노동하는 모습 속에 그것을 깨닫게 되어 사상적 대전환을 하게 된 과정을 소개한다. 이를 통해 톨스토이는 '우리 세인에게 가장 귀중한 교훈을 주는 19세기 이래의 대선지자, 대도사'로 거듭 태어난 것이다.

최남선이 톨스토이 사상의 핵심을 '노동역작의 복음'으로 요약한 것은 이에 근거한다. 노동역작은 '인생에 필요한 의식주를 생산하는 사지四肢의 노력'으로, 이것이 없으면 인생도 없는 '최대·최초의 선'이다. (톨스토이는 말년에 하루 8시간 육체노동, 8시간 정신노동, 8시간 수면이라는 규율을 지켜나갔다. 8시간 노동 규칙은 자신의 의식주를 남의 노동에 의지하지 않겠다는 신념의 표현이었다.)

뒤이어 최남선은 노동역작의 의미를 함축한 톨스토이의 강령을 소개하며, 노동역작에 집중하는 이유로 "선생의 현대문명의 비평과 국가사회의 논단은 아직 우리 소년에게 필요치 아니할 듯하기"때문이라고 덧붙인다.[7] 그는 이 강령을 톨스토이의 저작이 아니라 일본인 나카자토 야노스케中里彌之助의 글에서 따온 것임을 밝히며, 후자의 관련 부분을 생략하거나 수정해 옮긴다.

여러 국문학자가 최남선에 의해 생략되거나 수정된 부분을 나카자토의 원저 『톨스토이 언행록』(1906)과 비교해 분석한 결과가 흥미롭다. 이들 연구에 따르면 생략된 1~3항은 현대 문명과 국가제도에 대한 톨스토이의 비판이 뚜렷이 표명되어 있는 부분이고, 수정된 7항에는 "그들의 배후에 간악한 국가제도가 있기 때문"이라는 원문의 문장이 삭제되어 있다.[8]

바로 이 지점이 최남선의, 더 나아가서는 근대 한국의 톨스토이 수용의 특성과 한계를 단적으로 보여주는 단서로 해석된다. 즉, 톨스토이의 반국가, 반문명 등 급진적 사회비판의 요소가 소거된 채, 자신을 내려놓고 민중에 섞여 이웃 사랑과 노동을 몸소 실천하는 인격자 톨스토이의 모습만이 부각되었다는 것이다. 요컨대 작가 톨스토이보다 사상가 톨스토이에, 또 사상가 톨스토이 중에서도 전사 톨스토이가 아닌 성자 톨스토이에 주로 초점이 맞추어졌다는 얘기다.

사정이 이러하다면 21세기 한국의 '힐링 톨스토이'의

유행은 한 세기 전 톨스토이가 처음 한국에 수용되던 그때, 최남선의 수선스러운 상찬 속에 이미 예비되어 있었던 것인지 모른다. 특히 박노자는 최남선 등의 개화파 지식인들이 톨스토이 사상에서 병역 거부, 국가 불복종과 같은 핵심을 쏙 빼버리고, 그를 다만 '영靈의 철학자'로 주조해냈다고 강하게 비판한다. 이런 방식으로 톨스토이의 사상을 비정치적인 개인 수양의 이념, 개량적 기독교 윤리로 만들어 근대적 국가주의의 지배담론에 종속시켰다는 것이다.[9]

하지만 결론적으로 말하면 이런 비판들은 부분적으로는 맞고, 부분적으로는 틀리다. 부국강병을 지상과제로 삼았던 철저한 근대주의자 최남선에게 톨스토이의 반국가, 반소유, 반전사상은 받아들이기 힘들 터였다. 아직 근대문명의 문턱에도 이르지 못했고, 강건한 민족국가는커녕 나라가 병탄의 칼바람 앞에 놓여 있는 상황에서 톨스토이의 반문명, 반국가 사상은 '아직 우리 소년에게 필요치 아니할' 과제로 받아들여질 수 있었다. 따라서 최남선의 톨스토이 수용이 선택적으로 이루어질 수밖에 없었던 것은 사실이다.

그러나 그의 이런 선택이 매우 의도적이고 일관된 왜

곡을 만들어냈다고 보기는 힘들 것이다. 그가 기획한 두 번째 톨스토이 특집에는 톨스토이의 급진적인 모습, 전사 톨스토이의 모습이 비교적 가감 없이 드러나 있기 때문이다. 사실 이는 첫 번째 특집에도 부분적으로 해당된다. 최남선에게서 보이는 이런 선택과 동요, 더 정확히는 '동요 속의 선택'은 이광수, 홍명희 등 최남선과 더불어 톨스토이 수용을 주도한 근대 한국 지식인들에게 공통적으로 나타나는 모습이다.

1909년 7월호 특집이 톨스토이의 노동역작의 교시에 집중한 것은 사실이나, 이미 이 호에서도 "헌헌당당하게 명명백백하게 제왕을 비방하고, 국가를 공격하고, 법교法教를 매도하여, 대성질어大聲疾語로 망국亡國을 희망함을 공언"하는 톨스토이의 반국가주의적인 면모가 소개되어 있다.[10]

이는 다음 특집에서 더욱 본격화된다. 1910년 12월 발행된 『소년』 21호는 '톨스토이 선생 하세下世 기념' 특집호로 꾸며진다. 최남선은 여기에 「톨스토이 선생을 곡함」이라는 제목으로 그에게 바치는 72연에 이르는 8.5조 장시와 짧은 평전인 「소전小傳」을 게재한다. 그 외 특집호는 톨스토이 연보, 그의 조국 러시아의 풍광이 담긴 사진과 해설, 「한 사람이 얼마나 땅이 있어야 하나」 등의 우화 세 편, 짧은 어록 등으로 다채롭게 구성된다.

그런데 최남선이 쓴 「소전」에는 톨스토이의 반교회, 반국가, 반문명, 반사유, 반애국의 급진적 요소가 총망라되어 소개된다.

「톨스토이 선생 하세 기념」(『소년』 제3년 제9권, 1910.12)

그의 만년의 저작은 대부분 다 현대문명의 비평이러라. 그는 시대의 도사라야 하겠도다. 이에 선지자로 서도다. 선생은 오늘날 문명의 비참한 원인을 〈국가〉와 〈교회〉의 소위所爲에 돌려보내서 극력하여 이 둘을 반항하니, 곧 틀림없는 정신적 무정부주의자라. 다만 직접으로 또 얼른 그 이상을 실현하려고 들지 아니함만이 남으로 하여금 위험하다, 격렬하다는 감이 덜 생기게 함이라. 소리를 다하여 부르짖어, 오늘날 국민으로 행하는 여러 가지 일을 죄악이라 하며, 토지의 사유를 배척하며, 사회만민으로 하여금 다 옳은 노역에 복사服事케 함이 옳다 하야, 1879년 이래로 무수한 소책자를 출판하여 전도傳道에 이용하니 근래에 독서사회를 경동驚動한 것은 실로 이들 소책자더라. (『소전』, 15쪽)[11]

선생이 한번 농민의 사이에서 신생명의 샘을 마신 뒤로 그 신조를 채용하였더라. 그러나 러시아교회의 형식과 미신과 독단은 물론 그를 만족케 하지 못한지라, 선생이 이에 성서 중에서 스스로 차차 자기의 신조를 만드니, 그것의 결론은 교회와 상거相去가 멀더라. 과연 선생은 지금까지 〈국가와 교회〉가 자기를 보존하기 위하여 몇백 년간 민중을 속여온 온갖 허위와 미망을 타파하고, 바로 〈그리스도의 그리스도교〉, 곧 원시적 그리스도교에 돌아가서 단순하고 명쾌한 도덕을 가지고 분규착잡紛糾錯雜한 19세기의 인생문제와 사회문제에 육박하여 쾌도로 난마를 긋듯 그 해석을 시試하더라. (『소전』, 12~13쪽)

만악의 근원을 국가와 교회로 돌려 이에 극력 반항하는 톨스토이, 국민으로 행하는 여러 의무를 죄악이라 목

청껏 부르짖고, 토지 사유를 배척하고, 정의로운 노동을 전도하고, 국가와 교회의 허위와 미망을 타파하며, 자기가 지은 기독교 신조로 사회문제에 육박하는 톨스토이, 이러한 사상을 담아 사회를 송두리째 뒤흔들어버린 그의 후기 책자들….

최남선이 묘사한 톨스토이의 모습은 국가와 싸우고, 소유제도와 싸우고, 교회와 싸우던 바로 그 전사 톨스토이의 핵심적 요소를 고스란히 전달하고 있다. 따라서 최남선이 톨스토이로부터 위험한 뇌관을 제거하고, 국가주의와 양립 가능한 안전한 톨스토이만을 주조해냈다는 비판은 다소 일면적이다.

오히려 최남선은 성자 톨스토이와 전사 톨스토이의 공존을 넘어 둘 사이의 아찔한 간극과 그것이 빚어내는 모순까지 통찰하고 있었다고 보는 편이 사실에 더 부합할 것이다. 같은 호에 실린 최남선의 장시 「톨스토이 선생을 곡함」에는 "무저항을 가르침도 저항을 쓰고/절대복종 말하여도 자아 세우니/저항 뒤에 무저항이 내게 신인가/둘을 섞어 못 나눔은 무슨 모순인가"(11연)라는 대목이 나온다. 이는 톨스토이의 '적극적 무저항'이 함축하는 그의 사상의 형용모순, '증오를 증오하고 전쟁과 전쟁하는' 그의 비폭력의 전투성, 또는 가없는 사랑과 가차 없는 투쟁 사이의 낙차를 정확히 간파한 것에 가깝다.

장시는 이어진다. "아아 선생의 생애는 모순의 덩이/어느 편이 싸운 자리 없는 곳이냐/날낸 가시 좁은 덤불 그속에 싸여/82년 오랜 살임 어떠한 고통."(15연) 전체 72연 중 거의 절반이 '무슨 모순인가'(총 10연), '어떠한 고통'(총 24연)으로 끝난다.[12] 전편前篇에 흐르던 감탄과 숭앙의 자세는 이제 그 모순과 고통에 대한 연민으로 변한다. 이때 최남선의 나이 갓 스물이었다는 사실을 감안하면 놀라운 통찰력이다.

하지만 최남선의 이런 통찰이 시대적 조건을 뛰어넘지는 못한 듯하다. 어쩌면 성자 톨스토이와 전사 톨스토이의 공존을 오로지 고통으로 본 그의 시각 자체가 근대 한국의 시대적 문법에 충실한 것일지도 모르겠다. 어쨌든 그가 새로이 소개한 톨스토이의 모습은 이후 더 이상 부각되지 못한 채 사라져 버리고, 최남선의 톨스토이는 대선각자이자 종교실천가로, 또는 '만세불후의 대작'『부활』의 작가로 머문다.

'예수 이후의 첫 사람': 이광수의 두옹

한국 근현대작가를 통틀어 춘원 이광수만큼 러시아와 인연이 깊은 사람도 드물다. 그는 문학비평가 김윤식이 '히스테리아 시베리아카hysteria siberiaca'라 부른, 병적일 정도의 러시아 사랑을 평생 간직했다. 『유정』이 보여주듯이 시베리아를 창작의 모티프로 자주 활용했으며, 작품 번역이 가능할 정도의 러시아어를 구사했다고 한다. 러시아 망명자들의 도시 하얼빈이나 블라디보스토크를 방랑하고, 1913년에서 1914년 사이 시베리아 바이칼주의 치타공화국에서 7개월간 살기도 했다. 러시아와의 이런 인연은 바로 이광수의 지극한 톨스토이 사랑에서 비롯된 것이다.[13]

춘원은 1935년 톨스토이 서거 25주년을 맞아 〈조선일보〉, 〈조광〉 등 당시 언론이 기획한 여러 특집에 「두옹과 나」, 「두옹과 현대」, 「톨스토이의 인생관: 그 종교와 예술」
이라는 세 편의 글을 실었다. 이 글들은 톨스토이와의 관
계로부터 그에 대한 평가에 이르기까지 춘원의 생각을 함
축적으로 보여준다. 결론적으로 이광수에게 톨스토이는
단순한 소설가도 사상가도 아닌, 석가나 예수에 비견되는
성인이고 위인이었다.

> 톨스토이는 지구가 산출한 가장 큰 사람 중의 하나였다.
> 예수 이후의 첫 사람이라고 하면 누가 반대할까. 그러면
> 그 큼이 어디 있었는가. 그것은 그의 위대한 인류애의 공
> 상에 있었다. 석가나 예수가 그러하였던 것 모양으로. 그
> 는 예술가였으나 그것이 그의 본령이 아니었다. 그는 사회
> 와 인생의 비평가였으나 그것이 그의 본령도 아니었다. 그
> 는 인류의 영의 혁명을 실행하고 선전하는 것으로 본령을
> 삼았다. 인류의 모든 불행이 악에서 오는 것임을 믿어 이
> 악을 분쇄하여 지상에 인류의 이상향을 세우는 것으로 본
> 령을 삼았다. 그리고 이러한 본령을 가졌던 성자들이 다
> 그러한 모양으로 그는 고민 중에서 세상을 떠났다. (「톨스
> 토이의 인생관」, 487)[14]

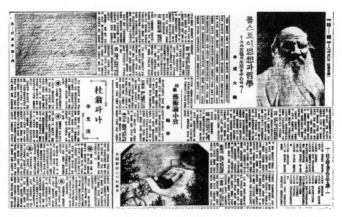

〈조선일보〉의 톨스토이 서거 25주년 특별기획에 실린 이광수의 「두옹과 나」(1935.11.20)

춘원이 톨스토이를 처음 접한 건 1908년 동경 유학 중이던 16살 때였다. 중학 동창인 야마사키 도시오山崎俊夫의 형에게 일어판 『나의 종교』를 빌려 읽은 것이 계기가 되었다. 그 인상을 요약하면 다음과 같다.

나는 이 책을 읽고 이것이야말로 진리다, 인류가 이 모양으로 살아야만 평화의 세계를 이룰 것이다, 나는 일생 이 주의로 살아가겠다, 톨스토이는 당연 큰 선생님이시다, 이러케 감탄하였습니다. (「두옹과 나」)[15]

말하자면 종교인 톨스토이가 이광수의 첫 경험인 셈인데, 특히 그를 사로잡은 것은 종교'개혁가'로서의 모습이었다. 당시 이광수는 기독교 계열의 학교에서 수학하고 있었고, 학교에서의 경험이 예수의 가르침에 부합하지 않아 불만스러워하던 중이었다. 특히 러일전쟁이 막 끝나고 학교의 독려로 전승 감사 기도회에 참석한 이광수는 "서로 사랑하라, 미워하지 말라, 악을 악으로 갚지 말고, 오직 서로 용서하라" 말한 예수의 이름으로 어떻게 전쟁 승리를 감사하는 기도회를 열 수 있는가 기이하게 여기던 참이었다.

톨스토이를 접한 후 이광수는 모든 의문이 해결됨을 느끼고, 교회 다니던 것을 중단하고, 오직 톨스토이를 숭배하여 그의 권유에 따라 예수의 산상설교를 그대로 실천할 것을 다짐한다. 이후 그는 톨스토이의 예술작품, 사상논문을 탐독하게 된다.

이처럼 이광수를 매료시킨 최초의 톨스토이는 교회의 권위에 도전하고, 폭력과 전쟁에 무조건적으로 반대하던 개혁가 톨스토이였다. 「두옹과 나」에서 이광수는 자신이 톨스토이 사망 소식을 듣고 한국에서 유일하게 추도식을 연 사람이고, 이후 학생들에게 이단을 설파한다는 이유로

오산학교 교목校牧에게 제명당한 사실을 덧붙인다. 톨스토이에 대한 자신의 헌신, 공식 권위와 불화하는 그와 자신 사이의 유비를 강조하기 위함이었다.

흥미롭게도 글의 말미에 이광수는 반드시 읽어야 할 톨스토이 3대 저작으로 『나의 종교』, 『예술론』과 함께 『하느님 나라는 너희 안에 있다』를 꼽으며, 이 책을 "인생, 종교, 국가, 경제, 사회에 대한 원리와 제 비판으로 세계에 둘도 있기 어려운 책"이라고 극찬한다. 앞서 서술한 바와 같이 『하느님 나라』는 비폭력과 무저항을 역설하며, 국가가 얼마나 근원적인 폭력의 뿌리인지 통렬히 비판한 책이다.

춘원은 「톨스토이의 인생관」에서 보다 본격적으로 톨스토이의 급진적 국가비판, 납세 및 병역 거부 호소 등을 소개한다.

> 그는 비록 국법이라 하더라도 제가 믿는 진리에 어그러진 것이면 복종할 이유가 없을뿐더러 그것을 복종하는 것은 저로는 노예가 되는 것이요, 동포에 대하여서는 악을 조성하는 것이라고 하였고, 납세에 대하여서도 그 돈이 악한 일에 쓰이는 것을 믿거든 거절할 것이라 하고, 병역과 사

법은 절대로 부인할 것이라고 하였다. (「톨스토이의 인생관」, 489)

사실 톨스토이의 법 거부나 납세 거부는 '진리에 어긋나거나', '악한 일에 쓰이거나'와 같은 조건을 달지 않는 절대적 거부인지라, 춘원에 의해 상당 부분 완화된 면이 없지 않다. 어쨌든 춘원은 톨스토이의 반국가주의를 그의 주요 사상으로 간추려 '두옹과 현대를 반대의 상극'에 놓았다.

> 두옹과 현대는 반대의 상극이다. 두옹은 인류 상애相愛의 원리를 주장하면, 현대는 상증相憎의 원리 위에서 놀고, 두옹은 비폭력저항을 주장하면, 현대는 무장武裝, 침략으로 날뛴다. … 두옹은 화폐와 서약을 만악의 본本이라고 하면, 현대는 화폐를 신으로 숭배하고 국가와 폭력에 대한 절대 복종의 서약을 만덕萬德의 본이라고 절규한다. (「두옹과 현대」, 464)[16]

춘원이 보기에 톨스토이 사상은 "개인을 구속하는(주로 국가에 대한 서약으로) 모든 제도를 부인하는 점으로는 무정

부주의와 상통함이 있고, 재산의 사점私占을 저주하는 점
으로는 공산주의와 상통한 점이 있지마는 … 현대 국가주
의로 보든지, 이를 전복하려는 무정부·공산 양 계열의 혁
명사상으로 보든지, 그 어느 것과도 두옹의 사상은 일치
하지 아니하고, 그 어느 것과도 적敵이다."17 상당히 예리
한 지적이다.

이어 춘원은 묻는다. 그렇다면 어찌하여 현대는 도무
지 자기네와 맞지 않는 두옹의 사상을 찬미하는가? 이렇
게 현대의 주요사상들과 대척점에 놓인 톨스토이의 생과
사를 우리는 왜 기념하는가? 이 모순이 어찌하여 생겼을
까? 이 모순에 답하기 위해 이광수는 현실과 이상의 문제
를 끌어들이는바, 그는 이 모순을 현실과 이상의 간극 속
에 간단히 해소해버리고, 그럼으로써 톨스토이의 급진성
으로부터 가볍게 미끄러져 나간다.

춘원은 톨스토이가 기념되고 공명되는 이유를 도저한
이상성에서 찾는다. 비록 현실은 세속권력에 복종하는 것
을 정경대도正經大道로 삼으나, 그런 현실 속에서 잠깐이나
마 톨스토이의 '공상'에 젖어보는 것이 큰 위안이 되기에
그를 기념한다는 것이다. 춘원은 현실과 이상 사이, 이른
바 '중中'에서 인생의 도道를 찾자고 말한다. 즉 현실을 무

시하지도, 이상을 냉소하지도 말고 "현실에 발을 꽉 붙이고 이상의 미래를 끌어 잡아당기는 성의 있는 노력"을 하자는 것이다.

그런데 그가 발을 꽉 붙인 현실에서 볼 때, '국가주의가 금일今日의 것이요, 공산주의가 명일明日의 것이요, 무정부주의가 재명일再明日의 것이라면, '두옹의 사회개혁 사상'은 재재명일再再明日의 것'이다.[18] 톨스토이의 엄연한 사회개혁의 요구가 현실에서 벗어나 잠시 젖어보는 이상의 영역으로 순치되고, 그 이상마저 현실로 당겨지기는커녕 마치 그리스도 재림의 날을 연상케 하는, 재재명일의 아득한 미래로 밀려난 형국이다.

이처럼 이광수의 인식 속에 급진적 사회개혁가로서 톨스토이의 모습은 도저한 이상 속 위인으로 날아오른 톨스토이 속에 뒤섞여 현실성을 잃는다. 「두옹과 나」에서는 『하느님 나라』를 '국가, 경제, 사회에 대한 비판으로 세상에 둘도 없는 책'이라고 칭찬하더니, 「톨스토이의 인생관」에서는 『하느님 나라』에 드러난 국가관, 사회관, 경제관은 톨스토이 사상의 중요한 것이 아니라고 부인한다. 오직 중요한 것은 '아무에게도 복종하지 않을 마음의 자유'뿐이라고 말한다.

숭배와 존경으로 일관된 춘원의 톨스토이 사랑은 이후에도 쭉 이어지지만, 여러 평자의 의견이 일치하듯이, 춘원의 톨스토이는 예수급 성인의 반열에 올라 결코 땅으로 내려오지 않는다. 그저 마음에 머무를 뿐이다. 따라서 최남선에게 그러했듯이 이광수에게도, 나아가 근대 한국에 전달된 톨스토이의 평화주의는 러시아에서 그랬던 것만큼, 또는 가까운 일본에서 그랬던 것만큼 사회적 이슈를 성찰하고 해석하는 비판의 도구가 되지 못했다.

만일 춘원이 톨스토이의 모순을 그토록 손쉽게 해소해버리지 않고, 그 모순과 고통에 좀 더 치열하게 대면했다면 다른 결과를 낳을 수 있었을까. 톨스토이가 무정부주의와도 사회주의와도 공명하면서 무정부주의와도 사회주의와도 싸웠던 이유, 가장 혁명적이면서 가장 반혁명적이었던 이유, 그의 비타협적 투쟁과 절대평화주의가 서로를 훼손하며 서로를 고양시키는 이유, 이런 이율배반에도 불구하고 사람들이 그에게 달려간 이유에 좀 더 성실했다면 어떤 결과를 낳았을까.

적어도 이후 이광수가 일본 제국주의의 최전선에서 황국신민의 신성한 전쟁에 동참할 것을 선동하는 비극은 발생하지 않았을지도 모르겠다. 하긴, 톨스토이의 모순과 고통을 잠시나마 응시한 최남선도 그다지 다른 길을 걷지 못했으니, 역사의 가정이란 역시 부질없는 모양이다.

∞

근대 한국의 톨스토이 수용에 앞장섰던 최남선과 이광수 모두 톨스토이의 급진적 사회개혁 사상을 잘 알고 있었고, 이를 상세히 소개하기도 했다. 하지만 결과적으로 그 급진성을 조선 사회를 변화시킬 힘으로 전환해내지 못하고, 개인적 인격 수양의 지침으로 축소해버렸다. 물론 톨스토이 평화주의의 핵심이 도덕적 자기완성에 있는 것은 사실이다. 그러나 이때의 도덕적 자기완성은 국가 거부, 병역 거부, 전쟁 거부처럼 폭력적인 사회구조와의 투쟁 속에서 발휘되는 정신적 힘을 말한다. 따라서 톨스토이의 도덕적 자기완성은 개인적인 동시에 지극히 사회적인 덕목이고, 자기수양임과 동시에 적극적인 형제애와 사회연대의 표현이기도 하다.

그러나 최남선과 이광수가 톨스토이에게서 받아 안은 박애주의, 비폭력, 무저항은 너무나 폭력적인 식민지 현실에서도 (양보하자면 어쩌면 그러하기에) 사회적 덕목으로 상승하지 못하고 개인적 인격 수양의 폐쇄회로를 맴돌고 만다.

이는 한국의 톨스토이 수용에 직접적 영향을 미친 일본의 경우와 확연히 대비된다. 일본의 톨스토이주의는 기독교, 사회주의, 평화주의를 각각의 미세한 차이 속에 하나로 통합해내며 러일전쟁 같은 사회적 사건에 반전이라는 공동의 행동강령으로 대응하게 만들었다. 그 수는 미미했을지 모르지만, 그 의미는 역사로서나 지성사로서나 크다. '힌두 톨스토이' 간디가 인도뿐 아니라 전 세계에 미친 엄청난 파급력과의 차이는 물론 말할 필요도 없을 것이다.

따라서 전사 톨스토이에 대한 성자 톨스토이의 압승, 그의 급진적 평화주의에 대한 여전한 무지, 힐링 상품으로 소비되는 그의 인기 등, 21세기 대한민국에 우세한 톨스토이 수용의 특성은 수용 초기 근대의 상황과 놀랄 만큼 유사한 것이 사실이다.

하지만 이를 최남선, 이광수 탓이라 주장한다면, 그건 너무 안이한 생각이다. 더구나 근대 초기 톨스토이의 사상은 지금과는 비교할 수 없이 큰 사회적 관심의 대상이었고, 여기에는 최남선과 이광수의 공이 누구보다 컸다.

또 두 사람 모두 톨스토이의 급진적 반국가주의를 결코 은폐하지 않았고, 그 통찰의 예리함은 현재의 이해 수준을 충분히 압도하고도 남는다. 단지 해석이 달랐고, 선택이 달랐다.

오히려 원인은 앞서 여러 번 지적했듯이, 톨스토이 사상 자체에 내재된 특성에서 찾아야 할 것이다. 즉 꼼꼼히 들여다보지 않으면 쉽게 이어지지 않는 성자 톨스토이와 전사 톨스토이 사이의 거리, 무조건적인 사랑과 비타협적 투쟁 사이의 격차, 절대적 비폭력을 조건으로 삼는 절대 평화주의의 위험성 등이 그를 어느 한쪽으로 이해하거나, 현실성이 없는 것으로 무시하거나, 불가능한 것으로 포기하게 했는지 모른다.

실제로 최남선과 이광수가 톨스토이를 예수에 버금가는 성인으로 추앙하고 있을 때, 다른 한쪽에는 톨스토이 사상의 위험성에 주목하는 일군의 사람들이 있었다. 그들은 톨스토이의 '절대적 무저항'을 '과격한 타애설'로, 병역 거부 호소를 '절대적 비전론'으로 소개하며, 이런 주장이 극단화되면 인류가 쇠약해져 멸망할 것이라 경고했다.[19]

톨스토이의 사상이 수용 초기 조선의 지식인들을 그렇게 매혹하다가 어느 순간 사라져 버리고, 오로지 『부활』의 작가로만 남게 된 것도 이와 관련될 수 있다. 당시 조선의 많은 실천적 지식인들은 톨스토이의 절대평화주의보다는, 그와 이상을 나누면서도 보다 현실적인 대안을 제시하는 사회주의 속에서 가능성을 발견한다. 벽초 홍명희가 그랬다. 그는 처음부터 사상가 톨스토이보다 예술가 톨스토이에 주목했고, 그러면서도 조선 예술의 미래는 프롤레타리아 예술에서, 대안적 근대의 길은 사회주의에서 찾았다.[20] 이후 사회주의 혁명의 발생, 한국 내 좌우 이념대립, 소련과의 국교단절 등이 이어지면서 톨스토이에 대한 편향적 이해나 무지가 더욱 굳어져 오늘날에 이른 것이 아닐까.

나오며

두 톨스토이
: 대결과 공존

이제 이 책의 최초의 문제의식으로 돌아갈 때가 되었다. 이 책은 한국의 톨스토이 수용사가 수십 년간 노정해온 파편화된 이해, 또는 부분적인 무지를 극복하고, 톨스토이 속에 공존하는 두 톨스토이의 실체에 좀 더 가까이 다가가 보고자 하는 노력의 일환이다.

두 톨스토이의 대결과 공존은 사랑, 무저항, 비폭력 등의 도덕적 원칙과, 국가 철폐, 착취 질서 근절, 전쟁 반대와 같은 사회 개혁적 강령을 긴밀하게 결합시킨다. 톨스토이의 평화사상 속에서 기독교적 사랑을 조건 없이 실천하는 종교적 행위는 그 실현을 가로막는 폭력의 구조를 없애고 대안적 질서를 모색하는 사회적 행위와 분리되지 않는다. 사랑과 형제애라는 윤리적 기반 위에 병역 거부, 납세 거부, 준법 거부, 전쟁 반대, 절대적 비폭력 등의 급진적인 행동강령이 놓이는 것이다.

물론 앞서 언급한 것처럼 '러일전쟁을 멈추려면 … 신앙을 회복해야 한다'와 같은 조합이 우리를 순간 아득하게 하는 건 사실이다. 하지만 톨스토이가 섬긴 신이 어떤 초월적 존재를 이르는 것이 아니라, 우리 삶의 도덕적 근원을 가리킨다는 점을 깊이 새기면 그 현격한 거리는 상당 부분 좁혀질 수 있다. 그가 이단으로 몰리면서까지 모든 기적과 신비를 부인하고, 예수를 오직 '인간'으로만 보았던 이유가 여기 있을 것이다.

더구나 사회주의라는 인류의 대실험이 완전한 실패로 판명 난 현재, 또 인류를 매료시킨 온갖 주의 주장, 거대 담론들이 과거로 스러져간 현재, 거창한 제도개혁이나 정치혁명이 아니라, 오직 개인의 각성과 도덕적 완성을 향한 노력 속에 변화의 가능성을 발견하고자 했던 톨스토이의 호소는 당시와는 또 다른 울림을 줄 수 있을 것이다. 톨스토이에게 이 도덕적 자기완성이 골방 속 기도가 아니라, 병역 거부, 전쟁 거부, 착취 거부 등 구체적인 저항운동의 실천을 통해 이루어진다는 점을 감안하면 더욱 그러하다. 톨스토이가 정치를 거부하면서도 바로 그 비정치성을 무기로 당대의 갖가지 사회문제에 얼마나 저돌적으로 개입해 들어갔는지 다시 한번 떠올려보라.

톨스토이 평화주의의 현재성은 그 핵심이라 할 반국가주의에서 특히 잘 드러난다. 톨스토이의 국가론은 단순히 국가에 반대하는 반국가주의를 넘어, 그 존재 자체를 넘어서고자 하는 탈국가주의에 해당한다. 세계화를 두루 거친 우리에게 이런 탈국가의 문제의식은 진부할 정도로 익숙한 것일 수 있다.

그러나 모든 것이 국민국가를 축으로 구성되던 톨스토이의 시대에는 그렇지 않았다. 그의 탈국가 사상을 시대의 한계를 뛰어넘은 한 천재의 선구안으로 볼 수도 있다. 하지만 단순히 선구안을 넘어 그것을 그 시대의 대안적 문법으로 기입하는 순간, 그것은 이미 '윤리적 결단'이 되고 만다. 누구도 감히 저항할 수 없는 강고한 국가주의, 애국주의, 민족주의의 흐름 속에 홀로 반국가, 반애국, 탈민족을 외치는 것은 결코 말처럼 쉬운 일이 아니다. 그 일을 감행하는 것, 그 결과를 감당하는 것, 양자 모두 도저한 윤리적 결단이다. 헤아릴 수 없는 논란과 의혹과 박해 속에서, 무엇보다 고통 속에서 톨스토이는 둘을 모두 해냈다.

그럼 우리는 어떠한가. 세계화의 정점을 지나 퇴조를 경험하고 있는 우리에게 국가와 민족이 갖는 의미는 톨스토이가 살던 시대보다 훨씬 복잡하고 엄중해졌다. 이는 '세계화의 역설'과 관련된다.

주지하듯이, 세계화는 사람, 자본, 정보의 자유로운 이동, 경계를 넘어선 소통과 접촉을 본질로 삼는다. 하지만 이러한 탈경계의 현상 뒤로 새로운 차별과 배제의 경계들이 폭발적으로 양산된 것 또한 사실이다. 세계화 시대는 그 어느 때보다 극심한 빈부 격차, 극단적 양극화를 낳았다. 국경을 넘나드는 글로벌 신인류의 스마트한 삶은 국경을 헤매는 난민이나 불법 체류자의 고단한 삶과 극명한 대조를 이루며 공존한다. 세계화에서 도태된 자들의 박탈감과 분노가 얼마나 치명적인지는 21세기 들어 더욱 강도와 빈도를 높여가는 테러와 종족 분쟁, 인종 갈등이 여실히 보여준다.

이러한 세계화의 역설, 또는 부작용이 불러일으킨 가장 거대한 역풍이 바로 트럼프주의다. 트럼프는 세계화에 의한, 세계화에 대한 분노와 증오를 가장 주요한 정치적 자산으로 삼았다. 트럼프주의의 본질, 즉, 배타적 반이

민주의, 고립적 미국 우선주의, 공격적 보호무역주의 모두 세계화의 반명제에 해당한다.

이러한 반세계화의 흐름은 트럼프의 부상과 맞물린 코로나 팬데믹으로 인해 더욱 강화되었다. 문자 그대로의 국경 봉쇄와 이동 제한으로 '소통과 접촉'의 가치가 '차단과 단절'로 대체되었다. 세계화 흐름으로 약화되었던 국가가 방역의 주체로 새롭게 귀환해, 방역뿐 아니라 외교, 안보, 통상 등 전 영역에서 자국중심주의, 자민족보호주의를 최대한 가동했다. 최근 발생한 두 개의 전쟁(우크라이나 전쟁과 가자 전쟁) 역시 이 자장에서 자유로울 수 없다.

하지만 세계화의 퇴조나 국가주의의 강화 같은 최근의 경향이 기존의 세계화 메커니즘을 완전히 제압하지는 못한다. 세계화를 거치며 국가 간 상호의존성이 그 어느 때보다 강화되었고, 날로 혁신을 거듭하는 정보 네트워크가 그 어느 때보다 촘촘하게 지구촌을 연결해주기 때문이다.

따라서 현재 우리는 세계화와 반세계화, 국가주의와 탈국가주의가 중첩된 경계에 살고 있다고 말할 수 있다. 이에 더해 우리 한국인은 근대와 탈근대, 민족과 탈민족의 지평이 중층적으로 교차하는 '최후의 분단국'에 살고 있다. 국가와 민족의 의미가 세계 어느 나라 국민보다 각별하고 복잡할 수밖에 없다. 그렇다면, 마치 톨스토이처럼, 우리에게도 모종의 결단이 필요하지는 않은가. 물론 이때의 결단은 어느 하나의 선택을 의미하지는 않는다. 판단은 독자의 몫이지만, 톨스토이의 평화주의에서 우리가 읽어내야 할 것은 바로 이 지점에 있지 않을까 싶다.

윤리적 결단은 톨스토이의 절대평화주의, 절대적 비폭력에 이르러 더욱 실존적인 문제가 된다. 톨스토이 사상의 급진성은 국가로 대표되는 모든 제도화된 폭력의 거부에 있지만, 그런 구조적 폭력은 물론, 정당방위로서의 개별적 폭력조차 허용하지 않는 절대적 비폭력주의에 이르러 한층 더 강화된다. 그 위험성은 그것이 자기보존이라는 인간의 가장 기본적인 본능을 건드린다는 데 있다.

더구나 현대에 이르러 비폭력은 대항폭력만큼이나 많은 논란의 대상이 되어왔다. 어떤 이들은 폭력의 진보적 역동성을 강조하기도 하고, 어떤 이들은 폭력과 비폭력, 또는 대항폭력과 비폭력 사이의 적대적 공모관계를 지적하기도 한다. 비폭력이 평화의 지평으로부터 정의正義의 문제를 도려낸다는 입장도 있다.

이에 대한 판단은 생각보다 결코 그렇게 쉽지 않다. 단지 비폭력에 대한 비판만큼이나, 비폭력을 그 극한까지 밀어붙이는 톨스토이의 결단 역시 비폭력에 대해 우리가 더욱 치열하게 성찰하도록 만든다는 사실만은 말해두고 싶다. 가장 경계해야 할 것은 받아들일 수 있을 만큼의 비폭력을 그 자명성 속에 그대로 받아들이는 태도일 것이다.

이는 우리를 톨스토이에게로 데려간 주제인 '평화'에도 적용된다. 평화는 너무나 당연해 진부해진 단어다. 그러나 인류는 한 번도 평화를 제대로 실현한 적도, 따라서 제대로 누린 적도 없다. 일본의 메이지 사상가 나카에 조민中江兆民의 말을 빌리자면, '언사로는 극히 진부해도 실행으로는 신선한' 것, 그것이 평화다.

다시 조민의 말을 빌린다. '자, 그 실행으로는 신선한 것이 이론으로는 진부한 것은 과연 누구의 죄인가.'[1] 평화의 속성이 본디 그러한 점도 있고, 우리 잘못도 있다. 톨스토이의 급진성, 그의 과격함, 그의 모순은 평화의 규범성, 상투성을 뒤흔들어 그것을 생동하게 만든다. 그럼으로써 우리를 자꾸 생각하게, 돌아보게 만든다. 그런 톨스토이를 도덕 타령, 사랑 타령이나 하는 고리타분한 성인군자로만 알고 끝난다면, 그건 너무 억울하지 않은가.

주

들어가며 - 지금 왜 톨스토이인가

1 톨스토이와 노벨상에 대해서는 A. Черкасов, "Почему Толстой отказался от Нобелевской премии?", *Правда*, 9 сентября 2002; В. Джалагония, "Нобелевская премия. Триумфы, ми фы, драмы", *Эхо планеты*, № 33, 2007; "Нобелевский отказ", *Известия*, 8 октября 2016 참조.

2 러시아 신문 〈노바야 가제타〉의 술만 인터뷰 중. И. Викторов, "Рус ские против русских в борьбе за Нобеля", *Новая газета*, 5 ок тября 2006.

3 К. Кудряшов, "«Смирение паче гордыни»? Лев Толстой не о тказывался от Нобелевской премии", *Аргументы и факты*, 8 октября 2021.

4 М. Стрельцов, "Почему Толстой не получил Нобелевскую?" *Livejournal*, 22 June 2011.

5 Л. Толстой, "Письмо Л. Толстого В. М. Грибовскому", (63:259).

1부 톨스토이와 평화: 성자와 전사 사이

1장 참회와 파문

1 톨스토이의 전기적 사실과 관련한 정보는 아래 사이트 및 문헌 참

조. 러시아 톨스토이 공식사이트의 관련 범주(http://tolstoy.ru/life/ biography); 톨스토이, 『톨스토이의 비밀일기 1910』, 이항재 옮김, 인디북, 2005; 앤드류 노먼 윌슨, 『톨스토이: 삶의 숭고한 의미를 향해 가는 구도자』, 이상룡 옮김, 책세상, 2010; 얀코 라브린, 『톨스토이』, 이영 옮김, 한길사, 1997; 로맹 롤랑, 『톨스토이 평전』, 김영아 옮김, 거송미디어, 2005; 슈테판 츠바이크, 『톨스토이를 쓰다』, 원당희 옮김, 세창미디어 2013; П. Бирюков, *Биография Л. Н. Толстого в 4-ых томах*, М.: Алгоритм, 2000; Д. Маковицкий, *У Толстог о 1904-1910: Яснополянские записки в 5 кн.* М.: Наука, 1979-1981.

2 А. Я. Кожурин, Л. И. Кучина, "Религиозно-философское уч ение Л. Н. Толстого: теория и практика жизнестроительст ва", *Проблемы языкознания и теории коммуникации*, ГРНТ И 09.00.13 (2010), p. 55.

3 톨스토이 저작의 집필 배경, 동기, 출판 상황, 반응 등은 톨스토이 전집의 각 권에 실린 편자의 주석, 톨스토이 공식사이트의 관련 범주(П утеводитель по публикации-http://tolstoy.ru/creativity/jour-nalismguide) 참조.

4 톨스토이, 「종교와 그 진수」, 『대똘스또이전집 9』, 김학수 옮김, 신구문화사, 1974, 318~327, 344쪽. 러시아 원본의 제목은 「종교란 무엇이며, 그 본질은 무엇인가」다.

5 톨스토이, 『사랑의 법칙과 폭력의 법칙』, 오만규 옮김, 아웃사이더, 2004, 52~58쪽; 톨스토이, 「종교와 그 진수」, 342~345쪽. 『사랑의 법칙과 폭력의 법칙』의 러시아 원본 제목은 『폭력의 법칙과 사랑의 법칙』이다.

6 Л. Толстой, "Ответ на определение Синода от 20~22 февра ля и на полученные мною по этому случаю письма" (34:248, 251~252).

7 А. Я. Кожурин, Л. И. Кучина, "Религиозно-философское уч

ение Л. Н. Толстого", p. 55.

8 "Определение святейшего синода", *Санкт-Петербургские в едомости*, № 54, 25 февраля 1901. Материал из Википедии под названием "Определение Святейшего Синода о графе Льве Толстом."

9 В. Скворцов, "Предисловие издателя", *По поводу отпадени я от православной церкви графа Льва Николаевича Толстог о*, СПб., 1904, p. v. 각주 38에서 재인용.

10 윌슨, 『톨스토이』, 659쪽.

11 С. Фирсов, "Горький юбилей", *Независимая Газета-Религии*, 14 марта 2001; В. Можегов, "Второе отлучение Льва Толсто го", *Независимая Газета*, 17 ноября 2000.

12 톨스토이, 『사랑의 법칙과 폭력의 법칙』, 136~137, 45, 110쪽.

13 츠바이크, 『톨스토이를 쓰다』, 153쪽.

2장 반국가와 탈애국

1 톨스토이, 「하느님 나라는 너희 안에 있다」(이하 「하느님 나라」), 『국 가는 폭력이다』, 조윤정 옮김, 달팽이, 2008, 21~26쪽. 번역에는 '위협 (устрашение)'이 '테러리즘'으로, '매수(подкуп)'가 '강탈'로, '최면 (гипнотизация)'이 '세뇌'로 되어있는 등 일부 오역이 있어 원문에 따라 수정했다. 원문은 28:152~155 참조.

2 톨스토이, 「세상의 끝, 다가오는 혁명」, 『국가는 폭력이다』, 238~239, 270~271, 281쪽.

3 톨스토이, 「우리 시대의 노예제」, 『국가는 폭력이다』, 151~154쪽.

4 이문영 편, 『폭력이란 무엇인가: 기원과 구조』, 아카넷, 2015, 31, 41~42쪽.

5 톨스토이, 「살인하지 말라」, 『국가는 폭력이다』, 93~94, 97쪽.

6 톨스토이와 아나키스트들의 관계에 대해서는 심성보, 「레프 톨스토이 와 아나키즘」, 『러시아어문학연구논집』 제28집(2008), 12~20쪽; M.

Пирумова, "Петр Кропоткин и Лев Толстой". *Труды Между народной научной конференции посвященной 150-летию с о дня рождения П. Кропоткина*, Вып.1 (1995); 박홍규, 『아나키 즘 이야기』, 이학사, 2013, 124~136쪽 참조.

7 톨스토이, 「아나키즘에 대하여」, 『국가는 폭력이다』, 83쪽.

8 М. Пирумова, "Петр Кропоткин и Лев Толстой", p. 3.

9 톨스토이, 「사회주의, 국가, 기독교도」, 『국가는 폭력이다』, 185~200 쪽.

10 "В. И. Ленин о Толстом", Архив рубрики государственного музея Л. Н. Толстого, 19 мая 2011.

11 В. И. Ленин, "Лев Толстой как зеркало русской революции", *Л. Н. Толстой в русской критике*, М.: Художественная лите ратура, 1952, pp. 57~62.

12 톨스토이, 「우리 시대의 노예제」, 『국가는 폭력이다』, 174~180쪽.

13 톨스토이, 「하느님 나라」, 『국가는 폭력이다』, 35~41쪽.

14 톨스토이, 『사랑의 법칙과 폭력의 법칙』, 83~90쪽.

15 두호보르와 톨스토이의 관계에 대해서는 Л. Ю. Романьчева, "При глашаем на лекцию "Толстой и христианские общины"", Г осударственный музей Л.Н. Толстого, 16 марта 2014; 윌슨, 『톨스토이』, 602~604, 620~624, 639~640쪽 참조.

16 Р. М. Илюхина, *Российский пацифизм вчера и сегодня*, ч.2, М.: ИВИ РАН, 1992, pp. 32~34; Т. А. Павлова, "Исторически е судьбы российского пацифизма", *Вопросы истории*, No.8 (1999), pp. 28~42.

17 Л. Толстой, *Суеверие государства*. М.: REV-Верстка, 1917, p. 7.

18 톨스토이, 「애국심과 정부」, 『국가는 폭력이다』, 80쪽.

19 윌슨, 『톨스토이』, 333~336쪽; "Наследие Л. Н. Толстого", Архи в рубрики государственного музея Л. Н. Толстого, 31 мая

2011.

20 В. А. Щипков, "Лев Толстой: от патриотизма к пацифизм
у", *Просторанство и время*, 2 (2010), pp. 195~202; C. Emer-
son, "Leo Tolstoy on Peace and War", *PMLA*, vol.124, no.5 (Oct.
2009), pp. 1855~1858.

3장 톨스토이와 세계평화

1 O. Sudbrink and W. Troxler, "Hague Peace Conferences, first
and second", *The Oxford International Encyclopedia of Peace.*
vol.2, USA: Oxford University Press, 2010, pp. 300~302.

2 Л. Толстой, "Письмо к шведам: по поводу конкресса о мир
е" (90:60~66).

3 Л. Толстой, "Письма Берте Фон Зутнер о конгрессах мира"
(66:58~59).

4 Л. Толстой, "Письмо к шведам: по поводу конкресса о мир
е" (90:63~66); Н. Ю. Николаев, "Л. Н. Толстой и Гаагская ми
рная конференция 1899-года", *Вестник Волгоградского госу
дарственного университета,* сер.4, 2(18) (2010), pp. 18~19.

5 Т. Екота Мураками, "Лев Тостой и пацифизм: со сравнител
ьной и генеалогической точек зрения," *Пацифизм в истор
ии: идеи и движения мира,* М.: ИВИ РАН 1998, pp. 114~121;
Л. Толстой, "Доклад, приготовленный для конгресса о мир
е в Стокгольме", *Толстовский листок-запрещенный Толсто
й,* вып.5, М.: Пресс-соло, 1994.

6 Л. Толстой, "Одумайтесь!" (36:101).

7 Л. Толстой, "К редакцию газеты "The North American News-
paper"" (75:38).

8 П. Бирюков, "1904 г. Русско-японская война", *Биография Л.
Н. Толстого*, М.: Алгоритм, 2000, том 4, глава 8. р. 3.

9   Л. Толстой, "Дневник 31 декабря 1904" (55:111).

10 Л. Толстой, "Дневник 19 мая 1905" (55:139-140).

11 톨스토이, 「세상의 끝, 다가오는 혁명」, 『국가는 폭력이다』, 250쪽. 「세상의 끝, 다가오는 혁명」은 「세기의 끝」의 한글번역본 제목이다.

12 톨스토이, 「세상의 끝, 다가오는 혁명」, 『국가는 폭력이다』, 240~243쪽.

4장 The Last Station: 위대한 고통의 인간

1   J. Lavrin, "Tolstoy and Gandhi", *Russian Review*, vol.19, no.2 (April 1960), p. 134

2   Ирина Петровицкая, "Одумайтесь! 1904", Путеводитель по публикации of www.tolstoy.ru.

3   П. Бирюков, "1904 г. Русско-японская война", pp. 5~6.

4   Л. Толстой, "Две войны" (31:97).

5   2009년 발표된 독일, 러시아, 영국 합작영화로, 한국에서는 <톨스토이의 마지막 인생>이란 제목으로 2010년 개봉했다.

2부 톨스토이와 아시아 평화

1   А. И. Шифман, *Лев Толстой и восток*, М.: Наука, 1971, p. 3

2   님 웨일즈, 김산, 『아리랑: 조선인 혁명가 김산의 불꽃같은 삶』, 송영인 옮김, 동녘, 2005, 196쪽. 임경화, 「러일전쟁 전후 일본 혁명가들의 톨스토이 수용 양상」, 『인문논총』 제72권 제2호 (2015), 91쪽에서 재인용.

3   А. И. Шифман, *Лев Толстой и восток*, pp. 6~7; И. Кирсанов, "Лев Толстой и восток", *Вестник челябинского государственного университета*, No.2(3) (2003), pp. 307~308

4   А. И. Шифман, *Лев Толстой и восток*, pp. 3, 6~7; Кирсанов, "Лев Толстой и восток", p. 307.

5   김려춘, 『톨스토이와 동양』, 이강은 외 옮김, 인디북, 2004, 25쪽.

5장 톨스토이와 인도

1   간디, 『자서전: 나의 진리실험 이야기』, 함석헌 옮김, 한길사, 2015, 160쪽; Y. P. Anand, "The Relationship between Leo Tolstoy and Mahatma Gandhi: A Historical Review", *Dialogue*, vol.12, no.2 (Oct.~Dec. 2010), p. 6.

2   Y. P. Anand, "The Relationship between Leo Tolstoy and Mahatma Gandhi", p. 1; А. П. Сергеенко, "Переписка Л. Н. Толстого с М. К. Ганди", *Л. Н. Толстой*, кн. 2, М.: Изд-во АН СССР, 1939, p. 339.

3   E. Srinivasa Murthy ed., *Mahatma Gandhi and Leo Tolstoy: Letters*, Long Beach Pubications 1987. pp. 8~10; Y. P. Anand, "The Relationship between Leo Tolstoy and Mahatma Gandhi", p. 2

4   Л. Толстой, "Письмо к индусу" (37:268~269).

5   간디가 직접 번역하고 서문을 단 「힌두인에게 보내는 편지」 영역본 참조. E. Srinivasa Murthy ed., *Mahatma Gandhi and Leo Tolstoy: Letters*, pp. 41~43.

6   간디가 톨스토이에게 보낸 서신 참조. E. Srinivasa Murthy ed., *Mahatma Gandhi and Leo Tolstoy: Letters*, pp. 24~27, 30~32, 34.

7   Л. Толстой, "Дневник 20 апреля 1910" (58:40).

8   Л. Толстой, "Письмо к Ганди" (82:137-140).

9   Л. Толстой, "Письмо к Эрнесту Кросби" (69:19-22).

10 J. Lavrin, "Tolstoy and Gandhi", p. 137; 허우성, 「간디의 딜레마: 민족주의와 비폭력 원리 사이에서」, 『철학과현실』 92 (2012), 152~153쪽. 간디의 모병호소문은 M. Gandhi, *The Collected Works of Mahatma Gandhi E-Book*, Mumbai: Gandhi Book Centre, 1999, vol.17, pp. 83~84. 허우성의 위 논문 152쪽에서 재인용.

11 J. Lavrin, "Tolstoy and Gandhi", p. 138에서 재인용.

6장 톨스토이와 중국

1 Д. Маковицкий, *У толстого 1904-1910*, кн.2 (1979), p. 348 & 480. 김려춘, 『톨스토이와 동양』, 130~131쪽에서 재인용.

2 Л. Толстой, "Дневник 5 мая 1909" (57:57).

3 А. Шифман, "Толстой и япония", *Лев Толстой и восток*, pp. 84~86; Нобуюки Накамото, "Толстой и Лао-цзы: преемник и идей Л. Н. Толстого в Японии", *Печатный двор. Дальний восток России 2001-2010*(2010), pp. 144~151.

4 Л. Толстой, "Неделание" (29:173-193).

5 В. Я. Лакшин сост. *Интервью и беседа с Львом Толстым*, М.: Современник, 1986, p. 282.

6 이문영 편, 『폭력이란 무엇인가』, 55쪽.

7 Л. Толстой, "Учение Лао-тзе" (40:351).

8 А. Шифман, "Толстой и Китай", *Лев Толстой и Восток*, pp. 27~28.

9 Л. Толстой, "Письмо к Чжан Чин-туну" (76:62~64).

10 А. Шифман, "Толстой и Китай", *Лев Толстой и Восток*, p. 29.

11 Л. Толстой, "Письмо к китайцу" (36:292).

12 А. Шифман, "Толстой и Китай", *Лев Толстой и Восток*, p. 30; 박철홍, 「중국 아나키즘의 수용과 전개」, 『한국민족운동사연구』 37권 (2003), 122쪽.

13 А. Шифман, "Толстой и Китай", *Лев Толстой и Восток*, pp. 38~43; Чжу Таотао, "Л. Толстой навечно с нами", *Китай*, 30 Nov. 2010; "Л. Толстой и Китай", *Russia.China.org,cn*, 10 Oct. 2014; "Exhibition about Leo Tolstoy to be Shown in China", Russkiy Mir, 24 Aug. 2023.

7장 톨스토이와 일본

1　김려춘, 『톨스토이와 동양』, 11~12쪽.

2　О. Сабуро, К проблеме переводной литературы, *Бунгаку* (1960), pp. 100~101. Д. Гаджиева, *Л. Н. Толстой и восток*, Баку: Мутарджим, 2010, pp. 34~35에서 재인용.

3　김려춘, 『톨스토이와 동양』, 48, 53쪽.

4　Гундзи Абе, Толстовское движение в Японии, *Мир русского слова*, no.1 (2012), p. 65; 김려춘, 『톨스토이와 동양』, 45~46쪽; 김진영, 「삶의 텍스트, 소설의 텍스트: 이광수와 톨스토이」, 『비교한국학』 22권 3호 (2014), 24~25쪽.

5　김진영, 「삶의 텍스트, 소설의 텍스트」, 24쪽.

6　야마무로 신이치, 『러일전쟁의 세기: 연쇄시점으로 보는 일본과 세계』, 정재정 옮김, 소화, 2010, 277쪽.

7　А. Шифман, "Толстой и Япония", *Лев Толстой и Восток*, p. 101에서 재인용.

8　김려춘, 『톨스토이와 동양』, 230쪽에서 재인용.

9　德富蘆花, 『トルストイ』, 民友社 1897, p. 5, 33. 각각 이예안, 「홍명희의 '예술', 개념과 운동의 지반: 일본 경유 톨스토이의 비판적 수용」, 『개념과소통』 12권 (2013), 12쪽, 임경화, 「러일전쟁 전후 일본 혁명가들의 톨스토이 수용 양상」, 95쪽에서 재인용.

10　柳富子, 『トルストイと日本』, 早稻田大学出版部 1998, p. 3. 임경화, 「러일전쟁 전후 일본 혁명가들의 톨스토이 수용 양상」, 94쪽에서 재인용.

11　이광래, 「대동아공영권과 '세계적 세계' 간의 〈의미의 쟁탈전〉을 회고하며」, 『日本思想』 제7호 (2004), 15~19; 오오타니 에이이치, 「전쟁은 죄악인가? 20세기 초 일본불교에서의 반전론」, 『원불교사상과 종교문화』 43권 (2009), 182~183쪽. 인용은 內村鑑三, 『內村鑑三全集』 第13卷, 岩波書店 1981~84, p. 404. 오오타니 에이이치, 「전쟁은 죄악인가?」, 182~183쪽에서 재인용.

12 고토쿠 슈스이, 『나는 사회주의자다』, 임경화 엮고 옮김, 교양인 2011, 27 & 193쪽.

13 이광래, 「대동아공영권과 '세계적 세계' 간의 〈의미의 쟁탈전〉을 회고 하며」, 19쪽; 오오타니 에이이치, 「전쟁은 죄악인가?」, 183쪽.

14 고토쿠 슈스이, 『나는 사회주의자다』, 505쪽; 야마무로 신이치, 『러일 전쟁의 세기』, 278쪽.

15 김려춘, 『톨스토이와 동양』, 233쪽.

16 〈平民新聞〉 1904.10.23. 김려춘, 『톨스토이와 동양』, 238쪽에서 재인 용.

17 『帝國文學』, 第10巻 第9号 (1904), 김려춘, 『톨스토이와 동양』, 239~240쪽에서 재인용.

18 야마무로 신이치, 『러일전쟁의 세기』, 281~282쪽에서 재인용.

19 김려춘, 『톨스토이와 동양』, 254~255쪽에서 재인용.

20 이광래, 「대동아공영권과 '세계적 세계' 간의 〈의미의 쟁탈전〉을 회고 하며」, 9~10쪽에서 재인용.

21 고토쿠 슈스이, 「톨스토이 옹의 비전론을 평하다」, 『나는 사회주의자 다』, 350쪽.

22 Д. Маковицкий, У Толстого 1904-1910, кн.1 (1979), p. 99.

23 Л. Толстой, "Письмо к Изо-Абэ" (75:176-178).

24 Л. Толстой, "Одумайтесь" (36:141).

25 А. Шифман, "Толстой и Япония", Лев Толстой и Восток, p. 98.

26 А. Шифман, "Толстой и Япония", Лев Толстой и Восток, pp. 100~106.

27 А. Шифман, "Толстой и Япония", Лев Толстой и Восток, pp. 100~106; Н. Л. Богомазова, "Л. Н. Толстой в контексте япон ской культуре", Гуманитарные ведомости ТГПУ им. Л. Н. То лстого, no.1 (май 2012), pp. 67~70.

28 최범순, 「우치다 로안 톨스토이 번역의 위상」, 『日本文化研究』 제13

권 (2005), 149~153쪽.

29 김려춘, 『톨스토이와 동양』, 51~52쪽.

8장 톨스토이와 한국

1   김려춘, 『톨스토이와 동양』, 184~192쪽.

2   엄순천, 「한국문학 속의 러시아문학: 한국근대문학으로의 러시아문
    학 수용현황 및 양상」, 『인문학연구』 제35권 제1호 (2008), 95~99,
    108~110쪽; 박진영, 「한국에 온 톨스토이」, 『한국근대문학연구』 23
    (2011), 195~197, 199, 207, 211쪽.

3   김진영, 「삶의 텍스트, 소설의 텍스트」, 24~26쪽; 박진영, 「한국에 온
    톨스토이」, 205-209쪽.

4   최상덕, 「갓주사와 나」, 〈매일신보〉 1935.11.20.

5   신동욱, 「러시아 문학의 수용과 한국문학」, 『교수아카데미총서』 3권
    (1993), 143쪽.

6   최남선, 「현시대 대도사 톨스토이 선생의 교시」, 『소년』 제2년 제6권
    (1909), 5쪽.

7   최남선, 「현시대 대도사 톨스토이 선생의 교시」, 10쪽.

8   박진영, 「한국에 온 톨스토이」, 201~205쪽; 권보드래, 『소년』과 톨스
    토이 번역」, 『한국근대문학연구』 6(2) (2005), 67~69쪽.

9   박노자, 「너희가 '톨스토이'를 아느냐」, 〈한겨레21〉 498호,
    2004.03.04.

10 최남선, 「현시대 대도사 톨스토이 선생의 교시」, 9쪽.

11 최남선, 「소전」, 『소년』 제3년 제9권 (1910), 15쪽.

12 최남선, 「톨스토이 선생을 곡함」, 『소년』 제3년 제9권 (1910), 1~5쪽.

13 김윤식, 『이광수와 그의 시대』 I, 솔, 1999, 222~230, 337~346,
    420~471쪽.

14 이광수, 「톨스토이 인생관: 그 종교와 예술」, 『이광수 전집 10』, 누리미
    디어, 2011, 487쪽.

15 이광수, 「두옹과 나」, 〈조선일보〉 1935.11.20.

16 이광수, 「두옹과 현대」, 『이광수전집 9』, 누리미디어, 2011, 464쪽.

17 이광수, 「두옹과 현대」, 464~465쪽.

18 이광수, 「두옹과 현대」, 466, 465쪽.

19 소영현, 「'지'의 근대적 전환: 톨스토이 수용을 통해 본 '근대지'의 편성과 유통」, 『東方學志』 제154집 (2011), 184~185쪽.

20 홍명희, 「나의 본 대(大)톨스토이의 인물과 작품」, 〈조선일보〉 1935.11.23~12.04; 임형택, 강영주 편, 『벽촌 홍명희와 『임꺽정』의 연구자료』, 사계절, 1996, 75~86쪽.

나오며 - 두 톨스토이: 대결과 공존

1 나카에 조민, 『一年有半・附錄』 (1901). 야마무로 신이치, 『러일전쟁의 세기』, 288~289쪽에서 재인용.

참고문헌

톨스토이 저작

Толстой, Л. "Доклад, приготовленный для конгресса о мире в Стокгольме (1910)", *Толстовский листок-запрещенный Толстой*, вып. 5, М.: Пресс-соло, 1994.

Толстой, Л. *Суеверие государства,* М.: REV-Верстка, 1917.

Толстой, *Полное собрание сочинений в 90 томах*, М.: Художественная литература, 1928-1958.

레프 톨스토이, 『국가는 폭력이다』, 조윤정 옮김, 달팽이 2008.

_____, 『부활』, 백승무 옮김, 문학동네 2013.

_____, 『사랑의 법칙과 폭력의 법칙』, 오만규 옮김, 아웃사이더 2004.

_____, 『사람은 무엇으로 사는가』, 윤새라 옮김, 열린책들, 2014.

_____, 「종교와 그 진수」, 『대똘스또이전집 9』, 김학수 옮김, 신구문화사, 1974.

_____, 『참회록』, 이영범 옮김, 지식을만드는지식, 2012.

_____, 『톨스토이의 비밀일기』, 이항재 옮김, 인디북 2005.

* 참고로 본문 속 거론된 톨스토이 저작의 러시아어명, 출판 또는 집필 연도, 위 90권 전집 중 수록권수(T)는 아래와 같다.

간디에게 보내는 편지, Письмо к Ганди, 1909.09.25. & 1910.09.07., T.

80 & 82.

교리신학연구, Исследование догматического богословия, 1884, Т. 23.

그리보옙스키에게 보내는 편지, Письмо к В. М. Грибовскому, 1885.06.10~11, Т. 63.

나는 무엇을 믿는가? В чем моя вера?, 1884, Т. 23. ('나의 신앙', '나의 종교', '종교란 무엇인가' 등의 제목으로 번역되기도 한다.)

노자의 가르침, Учение Лао-тзе, 1909, Т. 40.

노자의 격언, Изречения Лао-тзе, 1909, Т. 40.

두 전쟁, Две войны, 1898, Т. 31.

러시아독본, Русские книги для чтения, 1875, Т. 21.

무위, Неделание, 1893, Т. 29.

바보 이반과 두 형제 이야기, Сказка об Иване-дураке и его двух братьях, 1886, Т. 25.

베르타 폰 주트너에게 보내는 편지, Письма к Берте Фон Зутнер о конгрессах мира. 1891.10.09, Т. 66.

부활, Воскресение, 1899, Т. 32.

사람에겐 얼마만큼의 땅이 필요한가, Много ли человеку земли нужно, 1886, Т. 25.

사람은 무엇으로 사는가, Чем люди живы, 1881, Т. 25.

살인하지 말라, Не убий, 1900, Т. 34.

세기의 끝, Конец века, 1905 Т. 36. (한글 번역본 제목은 '세상의 끝, 다가오는 혁명'이다.)

세바스토폴 이야기: 12월의 세바스토폴, Севастопольские рассказы: Севастополь в декабре месяце, 1856, Т. 4.

스웨덴인들에게 보내는 편지: 평화회의에 대하여, Письмо к шведам: по поводу конкресса о мире, 1899, Т. 90.

습격: 어느 자원병 이야기, Набег: рассказ волонтера, 1852, Т. 3.

신문 〈뉴욕 월드〉 편집진에게, В редакцию газеты "New York World",

1899, Т. 72.

아베 이소오에게 보내는 편지, Письмо к Изо-Абэ, 1904.10.23., Т. 75.

안나 카레니나, Анна Каренина, 1878, Т. 18~19.

애국심이냐, 평화냐? Патриотизм или мир? 1895, Т. 90.

애국심과 정부, Патриотизм и правительство, 1900, Т. 90.

어니스트 크로스비에게 보내는 편지, Письмо к Эрнесту Кросби, 1896.01.12., Т. 69.

어둠의 힘, Власть тьмы, 1886, Т. 26.

우리 시대의 노예제, Рабство нашего времени, 1900, Т. 34.

인생의 길, Путь жизни, 1910, Т. 45.

장즈동에게 보내는 편지, Письмо к Чжан Чин-туну, 1905.12.04, Т. 76.

전쟁과 평화, Война и мир, 1869, Т. 9~12

종교란 무엇이며, 그 본질은 무엇인가, Что такое религия и в чем сущность ее, 1902, Т. 35. (한글 번역본 제목은 「종교와 그 진수」다.)

중국인에게 보내는 편지, Письмо к китайцу, 1906, Т. 36.

참회록, Исповедь, 1882, Т. 23.

초급문법, Азбука, 1872, Т. 22

폭력의 법칙과 사랑의 법칙, Закон насилия и закон любви 1908, Т. 37. (한글 번역본 제목은 『사랑의 법칙과 폭력의 법칙』이다.)

하느님 나라는 너희 안에 있다, Царство божие внутри вас, 1893, Т. 28.

회개하라! Одумайтесь, 1904, Т. 36.

힌두인에게 보내는 편지, Письмо к индусу, 1908, Т. 37.

1901년 2월 20~22일 최고종교회의의 결정 및 이와 관련해 받은 편지들에 대한 대답, Ответ на определение Синода от 20~22 февраля и на полученные мною по этому случаю письма, 1901, Т. 34.

전집 외 수록

국가라는 미신, *Суеверие государства*, 1910, M.: REV-Верстка, 1917.

스톡홀름 평화회의 발표문, Доклад, приготовленный для конгресс
а о мире в Стокгольме, (1910), *Толстовский листок-запреще
нный Толстой*, вып. 5, M.: Пресс-соло, 1994.

2차 문헌

간디, M., 『자서전: 나의 진리실험 이야기』, 함석헌 옮김, 한길사, 2015.

고토쿠 슈스이, 『나는 사회주의자다』, 임경화 엮고 옮김, 교양인, 2011.

권보드래, 「『소년』과 톨스토이 번역」, 『한국근대문학연구』 6(2) (2005).

김려춘, 『톨스토이와 동양』, 이강은 외 옮김, 인디북, 2004.

김진영, 「삶의 텍스트, 소설의 텍스트: 이광수와 톨스토이」, 『비교한국학』
22권 3호 (2014).

김윤식, 『이광수와 그의 시대』 I, 솔, 1999.

라브린, J., 『톨스토이』, 이영 옮김, 한길사, 1997.

롤랑, R., 『톨스토이 평전』, 김영아 옮김, 거송미디어, 2005.

박노자, 「너희가 '톨스토이'를 아느냐」, 〈한겨레21〉 498호, 2004.03.04.

박진영, 「한국에 온 톨스토이」, 『한국근대문학연구』 23 (2011).

박철홍, 「중국 아나키즘의 수용과 전개」, 『한국민족운동사연구』 37권
(2003).

박홍규, 『아나키즘 이야기』, 이학사, 2013.

소영현, 「'지'의 근대적 전환: 톨스토이 수용을 통해 본 '근대지'의 편성과
유통」, 『東方學志』 제154집 (2011).

신동욱, 「러시아 문학의 수용과 한국문학」, 『교수아카데미총서』 3권
(1993).

심성보, 「레프 톨스토이와 아나키즘」, 『러시아어문학연구논집』, 제28집
(2008).

야마무로 신이치, 『러일전쟁의 세기: 연쇄시점으로 보는 일본과 세계』, 정
재정 옮김, 소화, 2010.

엄순천, 「한국문학 속의 러시아문학: 한국근대문학으로의 러시아문학 수용현황 및 양상」, 『인문학연구』 제35권 제1호 (2008).

오오타니 에이이치, 「전쟁은 죄악인가? 20세기 초 일본불교에서의 반전론」, 『원불교사상과 종교문화』 43권 (2009).

윌슨, A. N., 『톨스토이: 삶의 숭고한 의미를 향해 가는 구도자』, 이상룡 옮김, 책세상, 2010.

이광래, 「대동아공영권과 '세계적 세계' 간의 〈의미의 쟁탈전〉을 회고하며」, 『日本思想』 제7호 (2004).

이광수, 「두옹과 나」, 〈조선일보〉 1935.11.20.

이광수, 「두옹과 현대」, 『이광수전집 9』, 누리미디어, 2011.

이광수, 「톨스토이 인생관: 그 종교와 예술」, 『이광수 전집 10』, 누리미디어, 2011.

이문영 편, 『폭력이란 무엇인가』, 아카넷, 2015.

이예안, 「홍명희의 '예술', 개념과 운동의 지반: 일본 경유 톨스토이의 비판적 수용」, 『개념과소통』 12권 (2013).

임경화, 「러일전쟁 전후 일본 혁명가들의 톨스토이 수용 양상」, 『인문논총』 제72권 제2호(2015).

임형택, 강영주 편, 『벽촌 홍명희와 『임꺽정』의 연구자료』, 사계절, 1996.

최남선, 「소전」, 『소년』 제3년 제9권 (1910).

최남선, 「톨스토이 선생을 곡함」, 『소년』 제3년 제9권 (1910),

최남선, 「현시대 대도사 톨스토이 선생의 교시」, 『소년』 제2년 제6권 (1909),

최범순, 「우치다 로안 톨스토이 번역의 위상」, 『日本文化硏究』 제13권 (2005).

최상덕, 「갓주사와 나」, 〈매일신보〉 1935.11.20.

츠바이크, S., 『톨스토이를 쓰다』, 원당희 옮김, 세창미디어, 2013.

허우성, 「간디의 딜레마: 민족주의와 비폭력 원리 사이에서」, 『철학과현실』 92 (2012)

홍명희, 「나의 본 대(大)톨스토이의 인물과 작품」, 〈조선일보〉 1935.11.

23~1935.12.04.

Абе Гундзи, Толстовское движение в Японии, *Мир русского сл ова*, no.1 (2012).

"В. И. Ленин о Толстом", Архив рубрики государственного му зея Л. Н. Толстого, 19 мая 2011. Retrieved from http://tolstoy. lipetsk.ru/l-n-tolstoj-v-vospominaniyax-sovremennikov/v-i-le nin-o-tolstom

Бирюков, П. "1904 г. Русско-японская война", *Биография Л. Н. Толстого в 4-ых томах*, том 4, М.: Алгоритм, 2000. Retrieved from http://tolstoy.lit-info.ru/tolstoy/bio/biryukov/biografi ya-biryukov-4-8.htm

Богомазова, Н. Л. "Л. Н. Толстой в контексте японской культур е", *Гуманитарные ведомости ТГПУ им. Л. Н. Толстого*, no.1 (май 2012).

Викторов, И. "Русские против русских в борьбе за Нобеля", *Но вая газета*, 5 октября 2006. Retrieved from http://www.ng.ru/ world/2006-10-05/8_russians.html.

Гаджиева, Д. *Л. Н. Толстой и восток*, Баку: Мутарджим, 2010.

Джалагония, В. "Нобелевская премия. Триумфы, мифы, драм ы", *Эхо планеты*, no.33 (2007). Retrieved from http://noblit.ru/ node/2600

Илюхина, Р. М. *Российский пацифизм вчера и сегодня*, ч.2, М.: ИВИ РАН, 1992.

Кирсанов, И. "Лев Толстой и восток", *Вестник челябинского го сударственного университета*, no.2(3) (2003).

Кожурин, А. Я., Кучина, Л. И. "Религиозно-философское учени е Л. Н. Толстой: теория и практика жизнестроительства", *Проблемы языкознания и теории коммуникации*, ГРНТИ.

09.00.13.(2010).

Кудряшов, К. "«Смирение паче гордыни»? Лев Толстой не отка зывался от Нобелевской премии", *Аргументы и факты*, 8 ок тября 2021.

Лакшин, В. Я. сост. *Интервью и беседа с Львом Толстым*, М.: С овременник, 1986.

Ленин, В. И. "Лев Толстой как зеркало русской революции", *Л. Н. Толстой в русской критике*, М.: Художественная литерат ура, 1952.

"Л. Толстой и Китай", *Russia.China.org,cn*, 10 Oct. 2014. Retrieved from http://russian.china.org.cn/exclusive/txt/2014-10/10/con-tent_33716349.htm

Маковицкий, Д. *У Толстого 1904-1910: Яснополянские записки в 5 кн*, М.: Наука, 1979~1981.

Мережковский, Д. *Лев Толстой и Достоевский*, М: Наука, 2000. Retrieved from http://az.lib.ru/m/merezhkowskij_d_s/text_1902_tolstoy_i_dostoevsky.shtml.

Можегов, В. "Второе отлучение Льва Толстого". *Независим ая Газета*, 17 ноября 2000. Retrieved from https://archive.is/20131129115600/ng.ru/history/2010-11-17/7_tolstoy.html.

Мураками, Т. Е. "Лев Тостой и пацифизм: со сравнительной и генеалогической точек зрения", *Пацифизм в истории: иде и и движения мира*, М.: ИВИ РАН, 1998.

Накамото, Н. "Толстой и Лао-цзы: преемники идей Л. Н. Тол стого в Японии", *Печатный двор. Дальний восток России 2001-2010* (2010),

"Наследие Л. Н. Толстого", Архив рубрики государственног о музея Л. Н. Толстого, 31 мая 2011. Retrieved from http://tolstoy.lipetsk.ru/gosudarstvenny-museum-l-n-tolstogo/nasledie-l-n-tolstogo/

"Нобелевский отказ", *Известия*, 8 октября 2016.

Николаев, Н. Ю. "Л. Н. Толстой и Гаагская мирная конференц ия 1899-года", *Вестник Волгоградского государственного ун иверситета*, сер.4, 2(18) (2010),

Павлова, Т. А. "Исторические судьбы российского пацифизма". *Вопросы истории*, no.8 (1999).

Петровицкая, И. "Одумайтесь! 1904", *Путеводитель по публ икации*. Retrieved from http://tolstoy.ru/creativity/journal-ismguide/246.php

Пирумова, М. "Петр Кропоткин и Лев Толстой", *Труды Междун ародной научной конференции посвященной 150-летию со дня рождения П. Кропоткина*, вып.1 (1995).

Романьчева, Л.Ю. "Приглашаем на лекцию "Толстой и хр истианские общины"", Государственный музей Л.Н. Т олстого, 16 марта 2014. Retrieved from https://tolstoy.ru/events/1437/?sphrase_id=9414

Сергеенкоб А. П. "Переписка Л. Н. Толстого с М. К. Ганди", *Л. Н. Толстой*, кн. 2, М.: Изд-во АН СССР, 1939.

Синод, "Определение святейшего синода", *Санкт-Петербургск ие ведомости*, no.54, 25 февраля 1901. Материал из Википе дии Определение Святейшего Синода о графе Льве Толсто го.

Стрельцов, М. "Почему Толстой не получил Нобелевскую?" *Live journal*, 22 June 2011. Retrieved from http://steclinski.live-journal.com/114660.html.

Фирсов, С. "Горький юбилей", *Независимая Газета-Религи и*, 14 марта 2001. Retrieved from http://www.ng.ru/ng_re-ligii/2001-03-14/8_tolstoi.html.

Черкасов, А. "Почему Толстой отказался от Нобелевской прем ии?", *Правда*, 9 сентября 2002.

Чжу Таотао, "Л. Толстой навечно с нами", *Китай*, 30 Nov. 2010. Retrieved from http://www.kitaichina.com/se/txt/2010-11/30/ content_315631.htm.

Шифман, А. И. *Лев Толстой и восток*, М.: Наука, 1971. Retrieved from http://www.marsexx.ru/tolstoy/tolstoy-i-vostok.html

Щипков, В. А. "Лев Толстой: от патриотизма к пацифизму", *Пр осторанство и время* 2 (2010).

Anand, Y. P. "The Relationship between Leo Tolstoy and Mahatma Gandhi: A Historical Review", *Dialogue*, vol.12, no.2 (Oct.-Dec. 2010)

Emerson, C. "Leo Tolstoy on Peace and War", *PMLA*, vol.124, no.5 (Oct. 2009).

"Exhibition about Leo Tolstoy to be Shown in China", Russkiy Mir, 24 Aug. 2023. Retrieved from https://russkiymir.ru/en/ news/316929/.

Lavrin, J. "Tolstoy and Gandhi", *Russian Review*, vol.19, no.2 (April 1960).

Murthy, E. Srinivasa ed. *Mahatma Gandhi and Leo Tolstoy: Letters*, Long Beach Pubications, 1987.

Sudbrink, O. and W. Troxler, "Hague Peace Conferences, first and second", *The Oxford International Encyclopedia of Peace*. vol.2, USA: Oxford University Press, 2010.

인터넷 사이트

톨스토이 공식 사이트 http://tolstoy.ru

톨스토이 디지털 아카이브 http://tolstoy.ru/creativity/, http://tolstoy-lit.ru/

국립톨스토이박물관 https://tolstoymuseum.ru/
국립톨스토이영지박물관 '야스나야 폴랴나' https://ypmuseum.ru/

사진 출처

<야스나야 폴랴나> Shutterstock
<참회록> https://www.prlib.ru/item/903819
<레닌의 자필 원고> В. И. Ленин, *Полное собрание сочинений*, То
м. 17. М.: Издательство политической литературы, 1968.
<캐나다로 떠나는 두호보르> https://ahilla.ru/lev-tolstoj-i-duhobory/
<회개하라!> https://tolstoy.ru/creativity/journalismguide/246.php
<일기 쓰는 톨스토이> https://tolstoymuseum.ru/news/2023/01/
19/68640/
<영면에 든 톨스토이> http://tolstoy-lit.ru/images/bio-1693/1693-4_0.
jpg
<톨스토이와 도덕경> https://www.ozon.ru/product/dao-de-tszin-lao-
tszy-387834154/
<톨스토이옹의 일러전쟁론> トルストイの日露戦争論 - Next Digital Li-
brary (ndl.go.jp)
<로카의 연하장>, <마차에 탄 톨스토이와 로카> А. И. Шифман, В. А. К
остерева, "Японский паломник: воспоминания Токутоми Ро
ка", *Литературное наследство*, 75-2 (1965), p. 175, 179.
<해당화: 갓쥬샤 애화> https://blog.naver.com/bookgram/120119316208

* 이 책 1부는 이문영, 「톨스토이 대 톨스토이: 톨스토이의 평화사상과 평
화실천」(『외국학연구』 제35집, 2016)을 수정, 보완한 것임을 밝힌다.

찾아보기

전쟁과 폭력의 시대에 다시 읽는
톨스토이 평화론

초판 1쇄 발행 2024년 5월 30일

지은이 이문영
펴낸이 성의현
펴낸곳 (주)미래의창

편집주간 김성옥
편집진행 최소혜
디자인 공미향

출판 신고 2019년 10월 28일 제2019-000291호
주소 서울시 마포구 잔다리로 62-1 미래의창빌딩(서교동 376-15, 5층)
전화 070-8693-1719 **팩스** 0507-0301-1585
홈페이지 www.miraebook.co.kr
ISBN 979-11-93638-29-3 03340

※ 책값은 뒤표지에 있습니다.
※ 이 책에 실린 사진 가운데 저작권자를 찾기 어려운 경우가 있었습니다.
   연락이 닿는 대로 일반적인 기준에 따라 저작권료를 지불하겠습니다.

생각이 글이 되고, 글이 책이 되는 놀라운 경험. 미래의창과 함께라면 가능합니다.
책을 통해 여러분의 생각과 아이디어를 더 많은 사람들과 공유하시기 바랍니다.
투고메일 togo@miraebook.co.kr (홈페이지와 블로그에서 양식을 다운로드하세요)
제휴 및 기타 문의 ask@miraebook.co.kr